Petite philosophie des grandes idées
LE CORPS

Éditions Eyrolles
61, bd Saint-Germain
75240 Paris Cedex 05
www.editions-eyrolles.com

Avec la collaboration de Sophie Sénart

Chez le même éditeur, dans la même collection :

Le désir, Cyrille Bégorre-Bret
Le bonheur, Philippe Danino et Eric Oudin
L'amour, Catherine Merrien
L'art, Cyril Morana et Eric Oudin
La liberté, Cyril Morana et Eric Oudin
La religion, Carine Morand

Mise en pages : Istria

 Le code de la propriété intellectuelle du 1er juillet 1992 interdit en effet expressément la photocopie à usage collectif sans autorisation des ayants droit. Or, cette pratique s'est généralisée notamment dans les établissements d'enseignement, provoquant une baisse brutale des achats de livres, au point que la possibilité même pour les auteurs de créer des œuvres nouvelles et de les faire éditer correctement est aujourd'hui menacée. En application de la loi du 11 mars 1957, il est interdit de reproduire intégralement ou partiellement le présent ouvrage, sur quelque support que ce soit, sans autorisation de l'éditeur ou du Centre français d'exploitation du droit de copie, 20, rue des Grands-Augustins, 75006 Paris.

© Groupe Eyrolles, 2011
ISBN : 978-2-212-55165-5

Jeanne-Marie Roux

Petite philosophie des grandes idées
LE CORPS

EYROLLES

Sommaire

Préface 7
Avant-propos 11

1 / Platon : les bienfaits de la gymnastique 13
Pour commencer 14
Le corps est un « tombeau » de l'âme 15
Le corps, un signe du beau, un moyen de la vérité 18
La philosophie comme recherche de l'harmonie entre âme et corps ... 21
Pour finir 24

2/ Aristote : un corps plein d'âme 25
Pour commencer 26
Corps et âme unis à la vie à la mort 27
Biologie et psychologie, le jeu des disciplines 31
Toute l'âme était envahie. Toute ? Non, car un petit village intellectuel... 35
Pour finir 37

3/ Lucrèce : un corps fait de corps 39
Pour commencer 40
Le but de la philosophie : la recherche des lois de fonctionnement de notre être 41
Un monde fait de corps : l'atomisme de Lucrèce 43
La vie, l'âme, tout n'est que corps 47
Pour finir 51

4/ Saint Augustin : du corps déchu au corps pur 53
Pour commencer 54
La débauche du corps 55
Le péché originel, ou l'innocence du corps 59
Le corps à corps avec Dieu : le corps purifié 63
Pour finir 65

5/ Descartes : ou comment unir ce que l'on distingue 67
Pour commencer 68
Le corps et l'âme : deux substances clairement distinguées 69
Le corps humain, presque un mécanisme 72
Et pourtant, ils sont unis ! 75
Pour finir 79

6/ Spinoza : le bonheur est (aussi) dans le corps **81**
Pour commencer 82
L'empire du corps 83
Le corps humain : un corps dans la nature 86
Le salut du corps : un bonheur ne vient jamais seul ! 90
Pour finir 93

7/ Nietzsche : « le corps comme fil conducteur » **95**
Pour commencer 96
Le corps, puissant maître de l'âme 97
Le corps : un collectif d'âmes 100
Santé du corps, santé de la pensée : la philosophie comme
médecine 103
Pour finir 106

8/ Freud : le langage du corps **109**
Pour commencer 110
La découverte du corps inconscient 111
Ni purement biologique, ni purement psychique, un corps
à la limite 114
La plasticité du corps érotique 117
Pour finir 120

9/ Merleau-Ponty : le corps au cœur du monde **123**
Pour commencer 124
Ce qu'est la phénoménologie : le retour aux choses mêmes 125
Le corps : un phénomène profondément ambigu 127
Ni conscience ni chose : le corps comme exigence pour
une autre pensée de l'être 132
Pour finir 135

10/ Jean-Luc Nancy : le corps est l'autre **137**
Pour commencer 138
Le monde des corps, le monde du dehors 139
Toucher aux corps 142
Le corps contre la chair 145
Pour finir 149

Bibliographie commentée **151**

Préface

Qu'est-ce qu'un corps ? Une portion, non vide et point trop désunie, d'étendue : un peu de matière agglomérée ou organisée, plus ou moins dense, plus ou moins complexe, qui occupe un certain lieu (ou plusieurs, successivement) pendant un certain temps. Par exemple cette table, ce stylo, cet ordinateur, cet arbre, ce chien, cet homme, cette planète... sont des corps. Cette galaxie ? Non pas, car il y manque cette cohésion au moins partielle, cette impénétrabilité au moins relative, cette résistance, cette solidarité (du latin *solidus*, solide), qui fait que les différentes parties d'un corps se tiennent ou se touchent mutuellement, au point qu'elles ne peuvent guère se déplacer qu'en bloc ou toutes ensemble. La Terre, la Lune, le Soleil sont des corps ; la Voie lactée, non. Un arbre est un corps ; une forêt, non. Un être humain est un corps ; une foule, non. Je dirais volontiers, à la façon de Leibniz (qui disait cela des êtres) et en jouant comme lui sur les italiques, que là où il n'y a pas *un* corps, il ne saurait y avoir un *corps*. La notion de corporéité suppose celle d'unité, fût-elle imparfaite et provisoire. La notion n'en reste pas moins relative. Cette table est un corps. Mais chacun de ses quatre pieds aussi. Ce livre est un corps. Mais chacune de ses pages aussi, voire chacun des atomes de chaque page... Et ce tas de livres sur ma table ? Est-ce un corps ? Il semble que non, puisque je peux séparer ces volumes les uns des autres (par exemple pour les ranger dans ma bibliothèque), sans qu'ils changent pour cela de nature ou perdent leur fonction (alors que les pieds de la table ne peuvent remplir leur office qu'ensemble et avec le plateau) : un tas n'est pas un corps mais l'empilement de plusieurs. Soit. Mais l'air que je respire ? Mais l'eau que je bois ? Il n'est pas d'usage d'y voir des corps. Physiciens ou chimistes n'ont pourtant aucune réticence (et ils ont raison, de leur point de vue) à parler d'un corps gazeux ou liquide... Une multitude dispersée n'est pas un corps ; mais les politologues n'en parlent pas moins (et ils ont raison, de leur points de vue) de « corps électoral » pour désigner l'ensemble unifié des électeurs... La notion de *corps* suppose celles, conjointes, d'*unité* et de *matérialité*. On ne s'étonnera pas qu'elle soit aussi problématique que celle-ci (voyez la physique quantique), aussi relative que celle-là.

Quand on dit « le corps », en revanche, tout s'éclaire. L'article défini réduit ordinairement et l'extension et le champ lexical du mot : chacun comprend, sauf contexte particulier, qu'il ne s'agit pas d'un corps quelconque mais de ce corps-ci que je suis, ou que vous êtes, bref d'un corps humain, qui se définit moins par son appartenance générique à l'ensemble des êtres corporels que par sa relation, à la fois spécifique et singulière, à l'âme, au sujet ou à l'esprit. *Un* corps, c'est ce que je peux toucher. *Le* corps, c'est ce que je suis, ou que vous êtes, et qui touche. Il peut aussi être touché ? Bien sûr : le corps est un corps. Mais singulier : il est ce corps *sensible*, aux trois sens du mot (qu'on peut sentir, et qui sent, et qui ressent), ce corps qui peut être à la fois l'objet et le sujet de la perception en général et du toucher en particulier, ce corps qui est capable et digne de *tact*, comme dirait Jean-Luc Nancy, ce corps vivant et conscient, inséparable, sinon par abstraction ou par la mort, de l'esprit qui l'anime ou qu'il incarne.

C'est dans cette dernière acception que l'excellent livre de Jeanne-Marie Roux envisage la notion. Il ne s'agit pas des corps en général, mais du corps humain en particulier et singulièrement. Il s'agit de vous, ou de moi : il s'agit de nous tous, ou plutôt de chacun d'entre nous, en tant que nous ne sommes pas de purs esprits, il s'en faut de beaucoup (ce *beaucoup* est le corps), en tant que nous n'existons – en tout cas ici-bas – que dans l'espace et le temps, en tant que nous ne vivons, ne sentons, ne percevons, et même ne pensons que dans (et par, ou grâce à) ce corps que nous sommes ou que nous avons, que nous portons – parfois comme un fardeau – et qui nous porte. Mon corps, c'est cette portion mobile et organisée de matière que je suis (du verbe « être ») sans l'être tout à fait, puisque je ne le suis (du verbe « suivre ») pas toujours, puisque je peux aussi le devancer, lui résister, le gouverner, le maîtriser, le forcer, le violenter parfois. On pense au grand Turenne, menant ses troupes au combat et constatant sa propre frayeur, qui s'adressait à lui-même, ou plutôt à son corps, cette célèbre sentence, sous forme d'avertissement : « Tu trembles, carcasse, mais tu tremblerais bien davantage si tu savais où je vais te mener ! » L'âme est ce qui résiste au corps, voire ce qui le surmonte. Le corps est ce qui résiste à l'âme, ce qu'elle conduit ou subit, ce qui la porte (dans l'action) ou l'emporte (dans la passion).

Comment penser cette dualité que nous sommes ? Le corps et l'âme sont-ils deux choses différentes (comme le veulent les dualistes, par exemple Platon, saint Augustin ou Descartes), ou bien « une seule et même chose » (comme dit Spinoza et comme le pensent les monistes), fût-elle considérée de deux points de vue différents, par exemple comme matière et comme forme (Aristote), comme le tout et l'une de ses parties (Lucrèce), comme étendue et pensée (Spinoza), comme extériorité ou intériorité (Nancy) ? Et comment, dans l'un ou l'autre cas, penser le corps lui-même : comme obstacle ou comme allié, comme tombeau ou comme vie, comme esclave ou comme maître, comme déchéance ou comme chance, comme fatalité regrettable et peccamineuse ou comme instrument de plaisir, d'action, de libération ? Jeanne-Marie Roux a choisi, pour éclairer ces questions, de suivre dix auteurs fort différents, dont elle retrace, avec beaucoup de clarté et de profondeur, le cheminement, les hésitations et parfois les apories. Choix discutable, comme ils le sont tous, mais qui paraît à la lecture singulièrement judicieux et éclairant. Chacun pourra y trouver de quoi nourrir ses propres réflexions ou perplexités. Le corps n'est pas un objet comme un autre : il est cet objet dont je suis le sujet, ou qui est à lui-même son propre sujet (« moi »), que je ne dirige (ou qui ne se dirige lui-même) qu'autant que j'en résulte.

C'est spécialement vrai pour les matérialistes, dont je suis, qui ne connaissent d'autre âme ou d'autre esprit que le cerveau, lequel n'est qu'une partie du corps, aussi matérielle que toutes les autres, mais qui n'en est pas moins *esprit*, si l'on entend par là, selon l'usage commun, le pouvoir en nous de penser, de vouloir, d'imaginer, d'aimer et de rire. Au reste, les spiritualistes eux-mêmes ont un corps, ou sont un corps, dont l'âme, à supposer qu'elle en soit substantiellement distincte, est pratiquement indissociable, en tout cas dans cette vie et peut-être aussi dans l'autre (puisque

beaucoup de religions, dont le christianisme, annoncent la résurrection non des âmes seulement mais des corps). Descartes lui-même l'a bien dit : la nature nous enseigne suffisamment — par la douleur, la faim, la soif — que « je ne suis pas seulement logé dans mon corps, ainsi qu'un pilote en son navire, mais, outre cela, que je lui suis conjoint très étroitement et tellement confondu et mêlé, que je compose comme un seul tout avec lui » (*Méditations métaphysiques*, VI). On oppose parfois au dualisme cartésien l'idée, qu'on croit moderne, que l'âme et le corps, loin d'être séparés, sont « en interaction étroite ». Pas de chance : c'est exactement ce que dit Descartes (l'union, non la séparation, de l'âme et du corps), et que toute interaction suppose la dualité. Que ce dualisme soit aporétique, Descartes n'a cessé de le reconnaître. Mais qui ne voit que le monisme matérialiste l'est aussi ? Si c'est le cerveau qui pense, l'évidence n'est qu'un état cérébral, qui ne prouve rien. Comment être certain, dès lors, que c'est bien le cerveau qui pense et que le corps est autre chose qu'une illusion ? C'est l'interrogation que suggère une expérience de pensée (qui pourrait devenir réelle dans quelques siècles ou millénaires), fort en vogue dans les milieux philosophiques anglo-saxons : je pourrais aussi bien n'être qu'un cerveau dans une cuve, maintenu artificiellement en vie par quelque laborantin facétieux, et qu'une ingénierie particulièrement sophistiquée persuaderait qu'il a un corps, par exemple des bras, un ventre, un sexe, quand il n'a que des neurones et des électrodes…
Mais laissons la métaphysique ou la science-fiction. Monisme ou dualisme, le corps, pour chacun, est « ce qui ne peut être fui », souligne Jeanne-Marie Roux à propos de Freud, et cela dit quelque chose d'essentiel : qu'il n'est de vie, de pensée et même de salut, fût-ce pour l'âme, qu'incarnés. Vouloir se libérer du corps ? C'est folie. En être esclave ? C'est bêtise. A chacun, entre ces deux extrêmes, de chercher ou d'inventer sa voie. Une sagesse se dessine là, qui est celle de Montaigne : « La vie est un mouvement matériel et corporel, action imparfaite de sa propre essence, et déréglée ; je m'emploie à la servir selon elle » (*Essais*, III, 9).

André Comte-Sponville

Avant-propos

« *Un corps est une image offerte à d'autres corps.* »
Jean-Luc Nancy

Le corps est un drôle d'objet philosophique. Omniprésent, nous ne pouvons absolument pas en ignorer l'existence, mais en même temps, et paradoxalement, rien n'est moins évident que de le définir. Car le corps est réel, concret, il oppose à notre pensée une réalité de tous les instants. À toute définition, le corps, notre corps oppose sa masse, sa densité, sa profondeur, son mystère en somme, qui est celui de notre être même. Car le corps, est-ce autre chose que nous, ou est-ce nous ? Mais si c'est nous, qui sommes-nous ? Penser le corps, c'est penser la contingence et la pesanteur de nos existences, mettre l'accent sur celles-ci, mais se confronter du même coup au fait que nos existences ne sont pas que pesanteur et contingence mais permettent, par exemple... la pensée ! Penser le corps, c'est donc penser ce qui s'oppose à la pensée, lui oppose ses limites, une insondable profondeur, mais aussi – et c'est là tout aussi sidérant – ce qui la permet.
Il est fascinant, à ce titre, d'observer comment les philosophes ont tourné depuis des siècles autour du corps et de son essentielle ambiguïté, afin de saisir sa spécificité, de rendre compte de sa nature, alors que leurs mots mêmes, leur tentative de saisir cette réalité par ces mots, semblent la trahir et lui ôter de son originarité, qui est son originalité. C'est à cette observation fascinante que nous avons voulu vous convier ici, en choisissant, de manière évidemment lacunaire et arbitraire, dix auteurs dont la philosophie du corps nous semblait éclairante, évocatrice, propice enfin à faire réfléchir chacun sur le rapport qu'il entretient avec son propre corps, et celui des autres.

À cet égard, il nous a semblé inévitable de commencer par Platon, lequel a révélé avec son incroyable génie le drame qui se joue dans toute philosophie du corps. Le corps, cet ennemi, nous dit-il ! Mais pouvons-nous seulement penser nos vies, nos pensées, et donc la philosophie… sans lui ? C'est le rapport du philosophe à son humanité qui semble ici se jouer. Aristote fut légataire de ce drame, mais soucieux de lui donner un autre dénouement. Il pensa donc un corps en (tendre) osmose avec l'esprit, réunifia en apparence ce que Platon avait souvent distendu mais, comme nous le verrons, il n'est pas sûr que les démons de l'absolu ne l'aient pas finalement amené à retrouver, implicitement, légèrement, problématiquement, les divisions paternelles. Lucrèce, trois siècles plus tard, n'était pas si lourdement chargé : le corps lui suffit ! Avec ces trois grands auteurs, la tragédie est nouée, et peut se jouer. À ceci près que le christianisme, dont le Dieu a pris corps, viendra, par la voix d'Augustin, compliquer la partie… Descartes, héritier de Platon, n'ignorera pas plus que lui la corporéité de nos vies, mais tentera de la penser en des termes moins mythologiques. Spinoza aura beau jeu alors de critiquer les impasses des solutions cartésiennes et d'annoncer l'absolue distinction entre corps et pensée. Comment mieux mettre en évidence la radicalité du défi lancé par la corporéité à toute pensée, et donc toute philosophie ? Nietzsche voudra alors tout retourner : si défi il y a, c'est que nous prenons les choses du mauvais côté. Le corps est premier, pensons d'après lui ! Rendre raison de sa force, et de notre inséparabilité, voilà ce que Freud après lui a contribué à faire, suivi par l'immense Merleau-Ponty, mû par la farouche volonté de reprendre le drame là où il s'est joué. Le style dense de Jean-Luc Nancy est aujourd'hui le signe que le travail pour penser l'être sans trahir le corps est loin d'être fini… La philosophie est bien sûr un exercice de clarification. Mais elle n'est pas pour autant une discipline autarcique, ne parlant que d'elle-même, ou du langage. Ou plutôt, si elle parle du langage, c'est pour mieux nous montrer ce qui est. Qu'au contact de tous ces auteurs, à leurs diverses lumières, le corps puisse apparaître dans une plus grande complexité, et ainsi, tout simplement, un peu mieux apparaître.

1 / **Platon**
les bienfaits de la gymnastique

« *Tu sais, en réalité, nous sommes morts. Je l'ai déjà entendu dire par des hommes qui s'y connaissent : ils soutiennent qu'à présent nous sommes morts, que notre corps est un tombeau*[1]. »

Pour commencer

De la vie de Platon, nous savons peu de choses : il fut l'élève de l'illustre Socrate, qui connut une mort brutale en 399 av. J.-C., lorsqu'il fut condamné par le peuple athénien à boire la ciguë. Puis il voyagea, fonda une école, l'Académie, et dispensa son enseignement à de nombreux disciples dont un jeune roi, Denys. À ce dernier il donna essentiellement des cours de mathématiques, espérant ainsi le transformer en roi-philosophe, parfaitement sage et juste. L'histoire lui donna tort puisque ce roi se transforma en tyran et le retint prisonnier, mais elle en dit long sur les thèses philosophiques de Platon : nous ne pouvons selon lui atteindre le bien, moral comme politique, que si nous exerçons notre raison. Notre âme doit s'entraîner à être en relation avec les Idées immortelles – dont les Idées mathématiques font dignement partie –, et s'efforcer de s'extraire du corps, qui fait obstacle à cette relation. La philosophie, qui doit nous aider à atteindre le bien, consiste donc pour lui à apprendre à se séparer du corps, c'est-à-dire, selon une formule célèbre, à « s'occup[er] de rien d'autre que de mourir et d'être mort[2] ». On comprend pourquoi Platon a longtemps été considéré comme un ennemi mortel du corps. Cependant, les choses ne sont peut-être pas si simples. Car dans le *Cratyle*, quand Platon entreprend de définir le corps, il le nomme « tombeau » mais aussi « signe » et « garde » de l'âme ! Et dans le *Timée*, lorsque Platon entreprend de raconter comment notre monde a été créé, il nous explique que c'est la divinité qui a créé le corps, à partir d'une matière anomique et impure, certes, mais pour l'âme et en fonction d'elle ! Dans ces conditions, le corps peut-il encore

---

1. *Gorgias*, 492e-493a (trad. M. Canto-Sperber, Paris, Flammarion, 1987).
2. *Phédon*, 64a (trad. M. Dixsaut, Paris, Flammarion, 1991).

être considéré comme le mal absolu ? À moins que le mal ne soit pas le corps même, mais l'usage qu'on en fait souvent ? Il serait possible d'imaginer, alors, un autre rapport au corps qui, loin de le dévaloriser, le remettrait tout simplement… à sa place.

Le corps est un « tombeau » de l'âme

Dans la plus grande partie de son œuvre, intégralement constituée de dialogues, Platon exprime sa pensée par la bouche de Socrate. Comme la pensée propre de Socrate ne nous est pas connue par ailleurs, elle se confond pour nous avec celle de Platon. Sauf découverte miraculeuse, il en sera toujours ainsi. Mais heureusement, nous savons au moins que nous lisons Platon, et c'est donc bien sa philosophie que nous allons ici expliciter.

Accueillir la mort « plein de confiance et d'espoir »

Le *Phédon* est le récit du dernier jour de Socrate, ce jour funeste qui précéda le moment où il but la ciguë. Jour triste s'il en est ! Mais, à cette occasion, Platon nous dépeint un Socrate « plein de confiance et d'espoir », convaincu de l'immortalité de son âme, et dont le premier souci n'est pas sa mort prochaine mais la peine de ses disciples, qui lui semble tout à fait inappropriée, et qu'il voudrait dissiper tant qu'il en a encore le pouvoir. La mort, apparemment, n'est pas l'affaire grave du jour. Mais elle semble devoir être, en revanche, au cœur de la vie de tout philosophe. Comme le dit Socrate à son sujet :

> « *Il me paraît raisonnable de penser qu'un homme qui a réellement passé toute sa vie dans la philosophie est, quand il va mourir, plein de confiance et d'espoir que c'est là-bas qu'il obtiendra les biens les plus grands quand il aura cessé de vivre*[1]. »

---
1. *Ibid.*, 63e-64a.

Comment comprendre que Socrate soit « plein de confiance et d'espoir » à l'approche de la mort ? Quels sont ces grands biens auxquels aspirent Socrate et tous les philosophes à sa suite ? Cela engage le cœur de la philosophie de Platon et, plus particulièrement, sa conception de l'âme et du corps.

La primauté de l'intelligible sur le sensible

Le fondement de l'attitude socrato-platonicienne par rapport à la mort est la séparation effectuée par Platon entre âme et corps, et la primauté accordée à la première sur le second. En effet, le monde platonicien est divisé en deux : il y a d'une part le monde sensible, visible, le monde du corps, qui est aussi le monde du mouvant, du devenir, et d'autre part le monde intelligible, le monde des Idées, le monde de l'être, avec lequel seule l'âme peut être en relation. Or, à de nombreuses reprises, Platon affirme la primauté et la supériorité du monde des Idées, le monde de ce qui est éternellement, sur le monde sensible, le monde de ce qui devient, disparaît, évolue. Le corps, objet sensible, corruptible et mortel appartient au monde sensible, tandis que l'âme appartient au monde intelligible. Car pour Platon, l'âme est immortelle, et sa vie est faite d'une succession de périodes d'incarnation et de périodes de « désincarnation », c'est-à-dire de séparation du corps, le cycle commençant nécessairement par un séjour de l'âme dans le ciel des Idées, première et cruciale occasion pour l'homme de les contempler[1]. À cet égard, l'incarnation de l'âme dans le corps apparaît dans certains textes platoniciens comme un enterrement, l'âme étant condamnée à vivre dans un monde corruptible, au lieu de pouvoir circuler parmi les Idées, comme elle y aspire naturellement. Voici d'ailleurs ce que dit Socrate à Gorgias :

> « *Tu sais, en réalité, nous sommes morts. Je l'ai déjà entendu dire par des hommes qui s'y connaissent : ils*

---

1. Notons que cette vie antérieure dans le ciel des Idées est la condition de la célèbre réminiscence platonicienne : quand l'homme, lors de sa vie incarnée, pense à des Idées, c'est qu'il s'en souvient et, s'il s'en souvient, c'est qu'il a eu l'occasion de les contempler avant son incarnation.

soutiennent qu'à présent nous sommes morts, que notre corps est un tombeau[1] ».

Dans une telle phrase, le corps est caractérisé par Platon comme un lieu de mort, mort qui ici n'est pas terrestre et corporelle, mais spirituelle. L'incarnation dans un corps ne serait donc qu'une étape parmi d'autres de la vie d'une âme, et ne serait pas tant la condition de la vie que de la mort, la vraie vie, la bonne vie étant celle de l'âme lorsqu'elle est séparée du corps. La mort prochaine de Socrate n'est en rien une mauvaise nouvelle : seul son corps va mourir, son âme va subsister, et elle va enfin rejoindre ce que tout philosophe passe sa vie à rechercher, le ciel des Idées.

Le corps, obstacle au savoir, obstacle au bien

Mais pourquoi le philosophe cherche-t-il à rejoindre le ciel des Idées ? Qu'y a-t-il dans le monde intelligible qui le rende si attrayant ? On touche là aux valeurs platoniciennes fondamentales. L'idée essentielle est que, pour Platon, le bien consiste dans le savoir, et ce savoir implique une relation directe de l'âme avec le monde des Idées. Or, dans cette perspective, le corps n'est qu'un obstacle à la relation de l'âme avec les Idées : le corps n'est alors qu'un obstacle au bien.

> « [L]'âme raisonne le plus parfaitement quand ne viennent la perturber ni audition, ni vision, ni douleur, ni plaisir aucun ; quand au contraire elle se concentre le plus possible en elle-même et envoie poliment promener le corps ; quand, rompant autant qu'elle en est capable toute association comme tout contact avec lui, elle aspire à ce qui est[2]. »

Ainsi, le premier tort du corps est d'être en lui-même incapable de nous faire atteindre la science : il ne nous met en contact qu'avec des apparences contradictoires (par exemple, un objet

---

1. *Gorgias*, 492e-493a (trad. cit.).
2. *Phédon*, 65c (trad. cit.).

peut apparaître à la fois grand et petit, selon qu'on le compare avec un objet plus grand ou plus petit que lui), mouvantes, et donc trompeuses. L'âme seule peut percevoir ce qui est réellement, ce qui demeure, l'essence des choses. L'âme seule donc, quand elle ne fait usage que de sa propre capacité de réflexion, est capable d'un savoir réel, elle seule peut s'élever vers le bien. Cependant, il y a une autre raison pour laquelle le corps est néfaste à la quête de la vérité : non seulement, donc, il n'est source d'aucune science authentique mais, par ses incessantes sollicitations (la faim, la peur, le désir, l'envie…), il nous oblige à nous soucier de lui, et encombre ainsi l'âme de pensées qui l'éloignent de sa seule véritable aspiration, la quête de la vérité.

> « *Désirs, appétits, peurs, simulacres en tout genre, futilités, il nous en remplit si bien que, comme on dit, pour de vrai et pour de bon, à cause de lui il ne nous sera jamais possible de penser, et sur rien*[1]. »

Par toutes les distractions et les troubles qu'il implique, le corps éloigne donc l'âme du bien, il est un mal dont il faut se séparer autant que faire se peut.

Le corps, un signe du beau, un moyen de la vérité

Un intermédiaire nécessaire entre sensible et intelligible

Le corps est un mal, il éloigne l'âme du savoir et du bien, c'est entendu. Mais comment comprendre alors que, dans le *Cratyle*, il soit aussi défini comme « signe » de l'âme ? Comment comprendre que, dans *Le banquet*, l'amour des beaux corps puisse être un préalable à l'amour des Idées ? C'est que la conception platonicienne du corps n'est pas si uniforme et univoque qu'on l'a longtemps

---

1. *Ibid.*, 66b-c.

dit. Car le corps, s'il entrave parfois la recherche du bien accomplie par l'âme, peut aussi inviter l'âme à la réflexion ! C'est ce que Platon explique dans le livre VII de *La République* : certaines perceptions, par leur caractère contradictoire, nous invitent à chercher plus loin, plus haut, la vérité de ce que nous percevons, et donc à nous hisser vers ces immuables essences que sont les Idées. Ainsi, par exemple, si l'on considère trois doigts, chacun d'entre eux nous paraît plus ou moins grand selon leurs positions respectives : si le doigt dont la taille est moyenne est placé à côté du plus petit, il paraîtra grand, tandis que s'il est placé à côté du plus grand, il paraîtra petit. La vue voit alors le grand et le petit « comme quelque chose qui est confondu[1] », ce qui rend l'âme « perplexe[2] » ! L'âme sera alors amenée à solliciter la réflexion et l'intellection de manière à distinguer ce que la vue confondait...

Les expériences sensibles, une occasion de penser
Pour Platon, le sensible peut susciter la réflexion, la pensée est motivée par le réel. Et de fait, le philosophe ne pense-t-il pas depuis le monde sensible ? Si nous philosophons, c'est que nous avons rencontré au cours de notre vie des incitations à la philosophie ! Pour que l'âme se tourne vers les Idées, encore faut-il qu'elle en ait l'idée ! Nous pourrions penser que, comme l'âme a vécu dans le ciel des Idées avant de s'incarner, son aspiration au vrai est due à cette vie antérieure, dont elle aurait quelque souvenir. Pourtant, si réminiscence il y a, elle n'est pas spontanée, elle doit être suscitée par des signes sensibles. Ce que Platon nous dit, c'est que nous ne pensons pas ex nihilo, sans motif, nous pensons depuis notre situation incarnée. Le corps est une limite, oui, mais cette limite est aussi une condition, ce depuis quoi nous pouvons vivre, agir, et aussi, fondamentalement, penser.

---

1. *République*, livre VII, 524c (trad. G. Leroux, Paris, Flammarion, 2004).
2. *Ibid.*, livre VII, 524a.

Malgré tous ses désavantages, notre incarnation nous donne donc l'occasion de nous élever vers les Idées. Bien sûr, il faut être entraîné pour saisir cette occasion, et peu d'âmes en sont capables. Cela est cependant possible, et c'est même l'unique solution que nous ayons pour nous élever vers ce qui n'est, au fond, qu'un seul et même idéal, mais qui porte trois noms : le vrai, le beau et le bien.

L'amour des corps, une initiation à la contemplation des Idées

Ainsi, comme le décrit Platon dans le superbe mythe consacré à l'âme dans le *Phèdre*, la contemplation d'une belle personne peut être l'occasion d'une heureuse réminiscence, qui nous rappellera l'Idée de beauté contemplée autrefois. Et cela d'autant plus que l'Idée de beauté est celle qui se manifestait « avec le plus d'éclat » et qui suscitait le plus d'amour ! Son souvenir est donc le mieux ancré en nous, et celui que nous aurons le moins de mal à faire resurgir à l'occasion d'une douce vision.

> « [E]lle resplendissait au milieu de ces apparitions ; et c'est elle encore que, après être revenus ici-bas, nous saisissons avec celui de nos sens qui fournit les représentations les plus claires, brillant elle-même de la plus intense clarté[1]. »

Notons que la perception visuelle bénéficie, à ce titre, d'un traitement de faveur de Platon : elle est « la plus aiguë des perceptions qui nous viennent par l'intermédiaire du corps[2] », et celle qui nous fait parvenir au plus près de la connaissance réelle. D'ailleurs, dans *Le banquet*, l'amour de la beauté d'un corps est la première étape du chemin qui mène à la contemplation du beau en soi, apogée d'une vie réussie. Il est même recommandé, pour atteindre ce but suprême, de rechercher dès sa jeunesse les beaux corps ! Car l'amour d'un beau corps, du fait de son affinité avec l'Idée de beau, est une étape du cheminement vers ce que Platon

---

1. *Phèdre*, 250d (trad. L. Brisson, Paris, Flammarion, 2004).
2. *Ibid.*

pense être le but de toute vie humaine, et donc a fortiori de toute vie philosophique, ce moment où la vie vaut d'être vécue, où l'homme parvient à contempler ce qui est et demeure, éternellement identique. Le corps rend donc visible l'Idée, il est signe de l'âme. Mais alors, où est le mal ? Comment le corps peut-il constituer à la fois un moyen nécessaire et un obstacle à la poursuite de la vérité ?

La philosophie comme recherche de l'harmonie entre âme et corps

Le corps est à la fois un obstacle dans la quête de la vérité et un moyen nécessaire — par ses perceptions, mais aussi, parfois, comme image de l'intelligible — de cette quête. La vision des yeux, bien que nécessaire, en ce bas monde, à la vision de l'esprit, ne cesse jamais de la perturber. Quels liens entre âme et corps peuvent causer cette inconfortable situation ? C'est dans le *Timée*, le dialogue cosmologique où Platon décrit la constitution de notre monde, que l'on peut trouver une réponse.

Un corps fait pour l'âme

Dans le *Timée*, Platon décrit comment un démiurge — un dieu fabricateur — a façonné notre monde à partir d'une matière quasiment amorphe et animée de mouvements chaotiques, la *khora*, et ce, en se servant du monde intelligible comme modèle. Le monde visible est l'image du monde intelligible, mais une image imparfaite, puisqu'il est aussi animé des mouvements non rationnels de la *khora*. Tous les corps, celui du monde[1] comme celui des hommes, ont ainsi été fabriqués par le démiurge à partir de la *khora*, et ce dans un but précis : que le corps s'adapte à l'âme ! Puisque le mouvement circulaire est « celui qui entretient le plus

---

1. Oui, selon Platon, le monde est un vivant et il a donc, au même titre que les hommes, un corps et une âme.

de rapport avec l'intellect et avec la pensée[1] », le corps du monde est une sphère, sans organe et sans membre, au pourtour parfaitement lisse et qui tourne sur son axe.

Le corps humain dans le *Timée* : un corps adapté à l'âme

De même que celui du monde, le corps des hommes a été constitué pour recueillir l'âme le mieux possible : il a été muni d'une partie ronde pour recueillir l'âme des hommes – la tête –, à laquelle a été donné comme serviteur le reste du corps, puis, comme le corps devait se mouvoir et ne pas rouler sur le sol, il lui a été donné quatre membres. Enfin, comme il fallait qu'il puisse se diriger lui-même, on l'a muni d'un visage où furent fixés les instruments de la « prudence ». On le voit, le démiurge, qui est une divinité bienveillante, a bien fait le corps *pour* l'âme, et en fonction de ses besoins propres.

Fait pour l'âme, le corps n'est pas un mal en lui-même. Mais simplement, il est second par rapport à l'âme, et soumis à ses exigences, il doit donc être considéré et traité comme tel. C'est le non-respect de cette hiérarchie qui est cause de tous les problèmes liés au corps.

Le programme de Platon : mettre le corps au service de l'âme

Dans le *Timée*, Platon explique que, lorsque l'âme a été pour la première fois liée à un corps mortel, elle est presque devenue folle. Mais dans un second temps, et c'est cet élément d'espoir qui nous intéresse, si l'homme est bien éduqué, qu'il mange correctement, qu'il est sain et bien portant, l'âme se calme et retrouve la voie de la vérité. Tout l'enjeu est de s'occuper du corps et de l'âme de telle sorte que le corps ne perturbe pas l'âme dans sa quête du bien, et même qu'il la seconde efficacement dans cette quête. Ce qui est frappant, et nous éloigne des clichés sur « le corps comme

---

1. *Timée*, 34a (trad. L. Brisson, Paris, Flammarion, 2001).

bouc émissaire de Platon », c'est que c'est bien le corps *et* l'âme qui doivent être objet de soin, le mal venant d'un déséquilibre de l'un ou de l'autre. Le problème peut, par exemple, venir du fait que l'âme aime trop sa condition mortelle, et s'attache trop aux plaisirs des sens ! Et cela, le corps n'en est que partiellement responsable, puisqu'il ne fournit à l'âme que l'occasion de sa déroute. De même, si l'âme a trop d'ardeur, elle va emplir le corps de maladies, et nuire ainsi à l'équilibre de l'ensemble. Heureusement, Platon a pensé aux remèdes de ces maux : âme et corps doivent être soignés de manière à ce que chacun reste équilibré en lui-même, et donc vive en harmonie avec l'autre.

> « [U]n seul remède : ne mouvoir ni l'âme sans le corps, ni le corps sans l'âme, pour que, se défendant l'une contre l'autre, ces deux parties préservent leur équilibre et restent en santé[1]. »

Attention, corps et âme n'en sont pas rendus équivalents pour autant : l'âme prime et doit toujours primer ! Le corps, du point de vue de la quête de la connaissance, est un premier moyen important, mais il est insuffisant, et doit être négligé une fois l'élan donné à la réflexion par une première perception réminiscente. Simplement, la nécessité de ce dépassement n'implique pas que le corps doive être complètement négligé et nié, mais que corps et âme soient mis en harmonie. C'est ainsi que dans le *Timée*, mais aussi dans les parties de *La République* consacrées à l'éducation, Platon nous encourage à pratiquer la gymnastique – qui calme les ardeurs excessives –, à écouter de la musique – qui régule l'âme –, ou à manger sainement – ce qui est propice à l'harmonie du corps.

Le bonheur, un savant mélange de joies intellectuelles... et corporelles !

Platon a consacré l'un de ses derniers dialogues, le *Philèbe*, à la recherche d'une définition du bien, ce bien dont la quête guide toute sa philosophie sans que son

---

1. *Ibid.*, 88b.

contenu soit jamais éclairci. On trouve par exemple dans *La République* des indications sur le chemin à adopter pour atteindre la connaissance du bien, mais la nature précise de celui-ci reste mystérieuse. De ce point de vue, le *Philèbe* nous laisse sur notre faim : dire exactement ce qu'est le bien, nul ne le peut. En revanche, ce que ce dialogue montre, c'est qu'il ne peut être uniquement affaire de réflexion ! Une bonne vie d'homme peut et doit inclure certains plaisirs corporels, à condition, bien sûr, qu'ils ne nous fassent pas oublier la priorité de l'âme. Puisqu'il faut se nourrir pour vivre, autant se nourrir de mets délicats, qui rendront la vie plus belle, sans la rendre plus futile. Nocive serait en revanche une passion de la sexualité qui nous ferait perdre la raison. Qui dit plaisir corporel, ne dit donc pas nécessairement danger... tout est affaire, ici, de sage jugement sur ce qui doit primer.

Pour que l'homme atteigne le vrai, il doit se concentrer sur son âme, et mourir à son corps. Mais pour mourir ainsi à son corps, il doit soigner âme et corps.

Pour finir

Finalement, comme le but de Platon est d'élever l'homme vers la connaissance des essences, c'est-à-dire vers le vrai, le beau, le bien, sa pensée du corps est déterminée par le statut épistémologique de celui-ci. Or, de ce point de vue, le problème n'est pas le fait qu'il existe un corps, mais la place prépondérante que les hommes lui donnent parfois : ils sont alors aveuglés par leurs sensations, obnubilés par leurs appétits, troublés par leurs peurs. Mais il existe un usage possible du corps qui n'est pas néfaste, et c'est l'usage en vue duquel le démiurge l'a constitué : au service de l'âme. Au final, il s'agit moins de dévaloriser tout ce qui est corporel que de donner aux hommes les moyens – philosophiques et pédagogiques – de remettre le corps à sa place.

2/ Aristote
un corps plein d'âme

Le corps

« *Il semble bien que chaque corps possède une forme et une figure qui lui est propre[1].* »

Pour commencer

Aristote, né en 384 av. J.-C., eut deux pères : il était le fils biologique du médecin personnel du roi de Macédoine, Amyntas II, le grand-père d'Alexandre – voilà pour l'attention au corps concret – et il fut, surtout, le disciple du grand Platon, dont il fréquenta l'école pendant près de vingt ans, jusqu'à la mort du maître, de 366 à 348 – voici pour l'amour des idées ! En fait, le père biologique d'Aristote est mort très jeune, sans avoir eu probablement le temps d'instruire son fils. Mais il n'en est que plus frappant qu'Aristote ait été toute sa vie si attentif à la nécessité de penser le réel, et de mêler, donc, corps et Idées. Attention au concret et souci de l'universel, telles furent les deux préoccupations philosophiques majeures qu'Aristote tâcha de concilier toute sa vie, dans un mouvement d'autonomisation toujours ardu vis-à-vis du platonisme. Dans son *Eudème*, l'un de ses premiers écrits, Aristote professait la migration des âmes et leur survivance à la mort du corps. Dans son traité intitulé *De l'âme*, considéré parfois comme le plus significatif de sa pensée, Aristote assume un point de vue scientifique, et affirme au contraire l'inséparabilité de l'étude de l'âme et de celle du corps, ainsi que leur union à jamais. Pourtant, un problème subsiste : l'intellect humain, tel qu'Aristote le conçoit, ne fait-il pas obstacle à la belle osmose de l'âme et du corps ? Aristote n'abandonne-t-il pas en dernier ressort la première place – épistémologique, éthique, ontologique – à une fonction non corporelle de l'âme ? Aristote dévaloriserait-il le corps ? Certainement pas. Car son réalisme de fond unifie corps et âme en un vivant complet, fait de matière tout autant que d'esprit. Conserve-t-il malgré cela à l'esprit une place prépondérante ? Pourquoi pas. Car Aristote semble conserver, malgré son

---
1. *De l'âme*, I, 3, 407b (trad. J. Tricot, Paris, Vrin, 2003).

attention au contingent, tout son idéal d'absolu, lequel se heurte inévitablement aux limites de la matière... Le corps serait donc incapable, sur le fil, d'atteindre l'idéal aristotélicien ? Voyons cela.

Aristote chrétien, un prisme déformant

Tout lecteur d'Aristote doit être conscient d'une difficulté particulière le concernant : notre interprétation de ses écrits peut être biaisée par son intégration pendant des siècles dans la pensée chrétienne. Saint Thomas d'Aquin a en effet réalisé au XIIe siècle une magistrale synthèse entre philosophie aristotélicienne et théologie chrétienne, synthèse si influente qu'elle est devenue la philosophie officielle de l'Église catholique. Or, la question du corps et de l'autonomie de l'âme est évidemment un enjeu majeur de ce point de vue : que l'âme soit entièrement unie au corps, ou qu'elle soit susceptible d'une vie séparée, cela n'est évidemment pas anodin d'un point de vue religieux ! Toute conception du corps n'implique-t-elle pas, du reste, une détermination de ce qu'est la condition humaine ? Il est bien sûr possible d'interpréter Aristote à travers le prisme d'une religion – et sans doute n'y a-t-il pas de lecture « neutre » – mais il faut tenter de distinguer ce qui est propre à Aristote, et ce qui relève de notre interprétation de ses écrits.

Corps et âme unis à la vie à la mort

Aristote nous a laissé une œuvre immense et souvent très technique. Mais il ne faut pas s'en effrayer : une fois quelques concepts et oppositions fondamentales mis en place, c'est un monde qui s'ouvre, un monde où empirisme et métaphysique se réconcilient miraculeusement par la magie d'un grand maître de la philosophie, un monde dont les questions, par-delà les siècles, sont encore les nôtres. Sur la question du corps, c'est le traité *De l'âme* qu'il faut en priorité envisager. Pour indiquer que l'un et l'autre sont, chez Aristote, viscéralement liés.

Une solidarité de fait

Pourquoi les définitions essentielles du corps selon Aristote se trouvent-elles dans son traité intitulé *De l'âme* ? Comprendre ce point, c'est toucher du doigt l'originalité de sa pensée du corps eu égard à la tradition platonicienne, dont il provenait, et qui a nourri après lui une grande part de la pensée occidentale. Corps et âme sont définis dans le même traité car au fond, pour Aristote, l'un ne va pas sans l'autre. Et d'ailleurs, comment pourrions-nous expliquer sans cela l'union de l'âme et du corps, et le fait que « c'est en vertu de leur communauté que l'une agit et l'autre pâtit, que l'un est mû et l'autre meut[1] » ? Puisque corps et âme agissent et pâtissent de concert, et relativement l'un à l'autre, sans que cela soit dû « au hasard[2] », il faut bien, au moment où l'on explique la nature de l'âme, préciser la raison de son union avec le corps, et « comment le corps se comporte[3] ». Corps et âme sont solidaires, on ne peut s'affranchir d'une explication à ce sujet. La réponse aristotélicienne est révolutionnaire, et anti-platonicienne au possible : âme et corps sont solidaires *parce que toute âme est la forme d'un corps*, et n'existe qu'avec un corps. Corrélativement, *tout corps est nécessairement lié à une âme*, un corps étant une matière informée par une âme. Qu'est-ce à dire ? Que sont ces matières et ces formes ? C'est aux fondamentaux de la philosophie aristotélicienne qu'il faut se référer.

---

1. *Ibid.*
2. *Ibid.*
3. *Ibid.*

Matière et forme : une division théorique

> « J'entends par matière, par exemple l'airain, par forme, la configuration qu'elle revêt, et par le composé des deux, la statue, le tout concret[1]. »

Une des distinctions fondamentales de la philosophie d'Aristote est la distinction entre forme et matière. La matière est le support amorphe, indéterminé, dont toutes les choses proviennent et dont elles sont faites. La matière de la statue d'airain, par exemple, c'est l'airain. La forme est le corollaire de cette matière, ce qui lui donne, précisément, forme : dans le cas de la statue, c'est la figure représentée (par exemple, le dieu Hermès). La forme est donc, en un premier sens, l'aspect pris par la matière mais, plus profondément, c'est ce qui fait qu'une chose est ce qu'elle est, c'est sa vraie nature, son essence. Pour reprendre un terme savant, la forme est la quiddité, le « ce que c'est » de toute chose. La matière est donc « ce qui » devient le « ceci » ou le « cela » qu'est la forme.

Matière et forme : les deux faces d'une même réalité

Matière et forme sont en droit, selon leurs définitions, distinctes. Mais considérons plus avant l'exemple de la statue : le bois, avant d'être statue, n'est pas absolument sans forme, il a simplement... la forme d'un morceau de bois. La matière est donc une notion relative à la forme par rapport à laquelle elle est chaque fois considérée. Il y a bien une matière première, absolument indéterminée, absolument sans forme, mais cette matière n'est pas visible, ce n'est pas une chose que l'on peut percevoir. Dans notre monde sensible, la matière est toujours une matière informée, et toute chose est constituée d'une matière et d'une forme, l'une n'étant que l'envers de l'autre, les deux faces d'une même réalité.

---

1. *Métaphysique*, T. 1, Z, 3, 1029a (trad. J. Tricot, Paris, Vrin, 2000).

Le corps, une matière informée par l'âme

Or, selon Aristote, l'âme est au corps ce que la forme est au « tout concret » qu'elle compose avec la matière, elle est ce qui lui a donné, précisément, sa forme. Le corps, corrélativement, est le résultat de l'information de la matière par la forme. Comme Aristote l'écrit dans *De l'âme* :

> « *L'âme : elle est une substance au sens de forme, c'est-à-dire la quiddité d'un corps d'une qualité déterminée*[1]. »

Cette thèse touche au cœur des conceptions aristotéliciennes de la nature et des êtres vivants. Selon Aristote, les êtres vivants possèdent, en tant qu'ils sont vivants, un « principe de mouvement et de repos en [eux]-même[s][2] », mais surtout le pouvoir « de se nourrir, de grandir et de dépérir par soi-même[3] ». Ce qui caractérise l'être vivant est donc qu'il a le pouvoir de se développer, jusqu'à mourir. Ensuite, selon le type de vivants considéré, d'autres facultés entrent en scène : l'animal possède, en plus, le pouvoir de sentir, la sensation, certains animaux peuvent en outre se déplacer, et l'homme, enfin, ajoute l'intelligence à toutes ces facultés. Or, ce qu'Aristote appelle « âme », c'est l'ensemble de ces pouvoirs propres au vivant, une hiérarchie des âmes étant établie en fonction du nombre de facultés possédées par chacune (âme nutritive, sensitive, locomotrice, rationnelle...) Sa définition de l'âme, on le voit, est dès l'abord très biologique ! Mais ce qui est remarquable, c'est que cette âme, dont les manifestations corporelles sont mises en évidence dès sa définition, Aristote l'identifie à la forme du corps : ces ensembles de facultés qu'Aristote appelle âmes, voilà « ce que sont » chacun des corps auxquels elles correspondent, voilà leurs vraies natures. Pour reprendre l'exemple de l'œil pris par Aristote :

> « *Si l'œil, en effet, était un animal, la vue serait son âme : car c'est là la substance formelle de l'œil. Or l'œil est la*

---

1. *De l'âme*, II, 1, 412b (trad. cit.).
2. *Ibid.*
3. *Ibid.*, II, 1, 412a.

matière de la vue, et la vue venant à faire défaut, il n'y a plus d'œil, sinon par homonymie, comme un œil de pierre ou un œil dessiné[1]. »

Doit-on voir dans cette définition des corps par leurs âmes une forme de spiritualisme ? Pas du tout ! Car l'âme dont il est ici question n'est en rien une entité incorporelle et désincarnée : c'est ce qui donne au corps la forme qu'il a. Comme la statue d'Hermès et la forme d'Hermès, âme et corps sont concrètement indissociables. L'une ne va pas sans l'autre :

« *La notion est la forme de la chose, mais il est nécessaire qu'elle se réalise dans telle matière si on veut qu'elle soit[2].* »

Simplement, en attribuant à l'âme la fonction de forme du corps, Aristote exprime une chose : les êtres vivants sont ce qu'ils sont *pour* avoir telle ou telle faculté. C'est ce dont les êtres sont capables, leurs fonctions qui expliquent leur configuration corporelle. Il n'y a donc ici nul spiritualisme, mais un finalisme[3], certainement !

Biologie et psychologie, le jeu des disciplines

L'âme comme principe explicatif du corps : le finalisme aristotélicien

En affirmant que l'âme est la forme du corps, Aristote n'exprime nul spiritualisme, car âme et corps sont pour lui intimement entremêlés et interdépendants. Cependant, âme et corps ne sont pas pour autant complètement interchangeables : c'est la nature de l'âme qui, en dernier ressort, expliquera toujours l'organisa-

---

1. *Ibid.*, II, 1, 412b.
2. *Ibid.*, I, 1, 403b.
3. Le finalisme est la doctrine selon laquelle une fin conditionne la configuration particulière de la nature.

tion du corps, car il y a indéniablement, chez Aristote, antériorité et supériorité explicative de la forme sur la matière dans le règne de la nature. Si la forme préexiste toujours à la matière, c'est que la forme n'est pas uniquement une configuration extérieure : un cadavre n'est pas un homme, il n'en a pas l'essence, c'est-à-dire la forme au sens aristotélicien, même s'il a le même aspect que lui. Non, pour Aristote, qui adopte là une sorte de finalisme caractéristique de son temps, les êtres n'ont pas l'aspect qu'ils ont et ne sont pas ce qu'ils sont par hasard ! Ils sont ce qu'ils sont en vertu d'une finalité naturelle gouvernant l'ensemble des êtres.

> *« La nature fait partie des causes en vue d'une fin[1]. »*

L'homme possède le pouvoir de l'intellection et l'animal le pouvoir de la sensation, parce qu'ils réalisent ainsi leur nature, leur essence, ce qu'ils ont à être, en un mot, leur forme. Finalité naturelle et forme se confondent ainsi pour les êtres naturels, au point de ne faire plus qu'un. Or, comme la forme des êtres vivants, ce sont leurs âmes... si le lion possède la faculté de locomotion, en dernière instance, c'est à son âme qu'il le doit ! Finalement, c'est bien grâce à son âme que chaque corps est organisé car c'est grâce à son âme que chaque corps est bien adapté à sa fin. L'âme est le principe explicatif principal de la nature des corps.

> *« Il s'ensuit que dans l'étude de la nature on devrait parler plutôt de l'âme que de la matière, d'autant plus que c'est grâce à l'âme que la matière est nature au lieu de l'inverse[2]. »*

Aristote et le souci du concret : la psychologie doit être biologique

À cause de son finalisme, Aristote accorde indéniablement une certaine primauté explicative à l'âme sur le corps. Cependant, ne nous fourvoyons pas : si c'est à son âme plutôt qu'à son corps que le

---

1. *Physique*, II, 8, 198b (trad. A. Stevens, Paris, Vrin, 2008).
2. *Parties des Animaux*, 640b (trad. P. Louis, Paris, Les Belles lettres, 1990).

lion doit son pouvoir de locomotion, ce n'est pas que l'un et l'autre soient réellement séparables, mais c'est que l'âme est précisément le nom donné par Aristote à ce principe explicatif qu'est la forme. L'enjeu de l'antériorité logique de l'âme sur le corps est grand, puisqu'il manifeste le finalisme aristotélicien, mais au fond, cette antériorité n'en est pas moins abstraite. Âme et corps sont et demeurent unis. Aristote en tire d'ailleurs des conséquences radicales : l'étude de l'âme relèverait du physicien ! Prenons en effet à sa suite l'exemple de la colère : pour le spécialiste de l'âme, la colère est « le désir de rendre l'offense[1] », tandis que pour le physicien, c'est « l'ébullition du sang qui entoure le cœur, ou bien l'ébullition du chaud[2] ». Mais là encore, ce ne sont que les deux faces de la même médaille ! Étudier les causes formelles de la colère, c'est tout aussi bien étudier ses manifestations corporelles, car ces dernières ne sont que le produit de la réalisation de la forme de la colère dans la matière. Or, et là s'exprime toute l'originalité d'Aristote par rapport à Platon, cela est vrai de toutes les affections de l'âme !

> « *Il apparaît que, dans la plupart des cas, il n'est aucune affection que l'âme puisse, sans le corps, subir ou exercer*[3]. »

Courage, douceur, crainte, pitié, audace, joie, amour, haine : toutes les affections de l'âme sont également corporelles. Étudier l'âme, c'est donc tout aussi bien étudier le corps, qui n'est que le produit de sa réalisation dans la matière : la psychologie est l'affaire du physicien. Sont ainsi tenus à distance aussi bien le matérialisme, qui fait de l'âme un produit du corps, que le spiritualisme, qui brise la solidarité de l'âme et du corps.

Le toucher, manifestation de l'excellence humaine

Le corps aristotélicien est à ce point indissociable de sa forme, c'est-à-dire de son âme, que la spécificité et

---

[1]. *De l'âme*, I, 1, 403a (trad. cit.).
[2]. *Ibid.*
[3]. *Ibid.*

l'excellence de l'homme se lisent non seulement dans sa faculté à réfléchir, mais aussi dans sa sensibilité, qu'il a plus fine et plus sophistiquée que tous les autres animaux. Tous les animaux la possèdent, mais c'est chez l'homme qu'elle est la plus subtile ! Or, le toucher est selon Aristote le sens par excellence, car il place les animaux au plus près du monde : avoir un meilleur toucher, c'est être davantage ouvert au monde, corporellement et, donc, intellectuellement. Être affecté par le monde, voilà qui permet de mieux le penser. La reconnaissance aristotélicienne de la nature corporelle de l'homme brille ici de tous ses feux.

La conséquence logique de toute cette conception finaliste et unioniste de l'âme et du corps, c'est que chaque corps doit pouvoir être expliqué par son âme, mais que la réciproque doit être vraie. Et de fait, ne connaissons-nous pas les âmes uniquement par l'intermédiaire des corps qu'elles informent ? Se déploie sur ce principe l'immense corpus aristotélicien, attaché à l'étude précise de la grande variété des êtres vivants, dans leur diversité et leur complexité : textes d'histoire naturelle, biologie animale, tous sont traversés par la volonté d'expliquer la nature des êtres vivants par leur forme, mais ce souci n'est jamais exclusif d'une attention infinie à la variété des choses réelles, ainsi qu'aux effets du hasard. Tant la primauté accordée à l'âme n'est pas chez Aristote synonyme de mépris envers notre monde corporel.

Toute l'âme était envahie. Toute ? Non, car un petit village intellectuel...

La matière informée : l'exténuation de la division corps-âme

Selon Aristote, corps et âme sont si entremêlés que leurs études se confondent. En raison du finalisme aristotélicien, l'âme conserve une forme de primauté, mais celle-ci est logique et épistémologique. Car il n'y a bien sûr pas de corps sans âme (le corps est un corps vivant, composé donc, par définition, d'une matière informée par une âme). Mais il n'y a pas plus d'âme sans corps (être, pour une âme, signifie être réalisée dans une matière). Les formes que sont les âmes ne flottent pas dans les airs avant d'être attirées vers le sol et enchaînées dans une matière comme chez Platon. Et on peut même, semble-t-il, aller plus loin... Car on peut trouver dans les textes d'Aristote non seulement de quoi critiquer la séparation concrète entre âme et corps, mais aussi leur séparation logique. Car pour lui, n'importe quoi n'est pas susceptible de recevoir n'importe quoi, une âme quelconque ne peut pas recevoir un corps quelconque :

> « Il semble bien que chaque corps possède une forme et une figure qui lui est propre[1]. »

Et de fait, on ne peut pas faire un meuble avec des flûtes, et un corps humain avec de l'airain. Toute matière réelle est prédéterminée, et porte en puissance la forme qui va l'informer. Mais alors, si la matière est informée indépendamment de la forme, la différence entre matière et forme, et donc entre corps et âme, n'est plus qu'une différence de degré ! Si la matière est animée, pour Aristote, d'une sorte de désir de la forme, désir que vient combler l'information, il devient difficile de penser une différence, même formelle, entre les deux : entre une matière toujours

---
1. *Ibid*, I, 3, 407b.

déjà informée et une forme nécessairement matérielle, entre un corps toujours déjà animé et une âme nécessairement corporelle, où passe la frontière ? La priorité de l'âme apparaît alors comme une affirmation purement formelle de l'ordre finalisé de la nature. À l'horizon de la conception aristotélicienne de l'âme et du corps, il y a bien la disparition de leur différence, et leur profonde unité.

La question de l'intellect : l'homme possède-t-il quelque chose de non corporel ?

Cependant, toute la psychologie est-elle biologique ? Peut-on réellement dire que l'âme dans son ensemble ne peut exister que dans un corps ? Même si Aristote insiste à de nombreuses reprises sur l'unité de l'âme et du corps, il introduit souvent au même moment une réserve à ce sujet. Il n'est pas certain, dit-il, qu'il n'y ait pas une affection de l'âme « propre à l'âme elle-même[1] », c'est-à-dire que toutes les fonctions de l'âme soient corporelles. Car il y a l'intellect, c'est-à-dire la partie de l'âme par laquelle celle-ci connaît et juge. Or, de l'intellect, nul ne peut affirmer catégoriquement qu'il ne puisse pas exister sans un corps. Une partie de la forme que constitue l'âme pourrait donc exister sans être réalisée dans une matière. La conséquence en serait considérable : « l'âme pourrait posséder une existence séparée du corps[2] » ! Les écrits d'Aristote sont en fait réellement ambigus, et il est très difficile de séparer le bon grain de l'ivraie. Il semble pourtant trancher quand il écrit :

> « *Il n'est pas raisonnable d'admettre que l'intellect soit mêlé au corps, car alors il deviendrait d'une qualité déterminée, ou froid ou chaud, ou même posséderait quelque organe, comme la faculté sensitive ; or, en réalité, il n'en a aucun[3].* »

En effet, l'intellect doit pouvoir appréhender également tous les intelligibles, et donc n'avoir aucune forme qui ferait obstacle à

---

1. *Ibid.*, I, 1, 403a.
2. *Ibid.*
3. *Ibid.*, III, 4, 429a.

cette totale malléabilité. Or, si l'intellect était mêlé au corps, il serait déterminé, car il n'existe, comme on l'a vu, aucune matière totalement indéterminée. Dès lors, pour pouvoir définir un intellect capable de tout penser, Aristote juge nécessaire de concevoir une âme intellectuelle incorporelle, une intellection pure. Ce qui rend l'affaire grave est que, selon lui, la nature de l'homme, son excellence, s'accomplit précisément dans l'activité intellectuelle, le bonheur le plus parfait se trouvant dans la contemplation intellectuelle. Si l'on adopte le point de vue selon lequel l'intellect est séparé du corps, le corps devrait donc en dernier ressort être dépassé vers l'intellection ! L'intellect serait donc la limite du corps, ce qu'il ne peut atteindre. En dernier ressort, l'intellect manifesterait donc que notre corps ne suffit pas à l'accomplissement de l'excellence humaine…

Pour finir

Aristote, merveilleux réaliste, unifie presque jusqu'au bout âme et corps en un vivant tout à la fois matériel et spirituel, contingent et excellent. Mais en dernière instance, la soif de l'absolu, ou plutôt de la pensée absolue, toute puissante, capable de tout appréhender, l'a entraîné, semble-t-il, vers un spiritualisme résiduel, qui se cantonne à l'intellect mais lui réserve la première place dans la hiérarchie des facultés comme des caractéristiques de l'excellence l'humaine. Le corps est animé de mille mouvements humains, mais il lui manque l'ultime et le plus beau. Aristote n'aurait pas su, aux douze coups de minuit, porter le coup fatal à Platon.

3/ Lucrèce
un corps fait de corps[1]

---

[1]. Ce chapitre a été rédigé en collaboration avec Matthieu Niango, qui a fourni l'essentiel de sa matière. Qu'il en soit ici très vivement remercié.

Le corps

> « *En effet, les atomes qui se détachent des corps / les dépouillent pour enrichir ceux qu'ils rejoignent, / forçant les uns à vieillir, les autres à prospérer / sans y mettre de cesse. Ainsi le monde se renouvelle / toujours et les mortels vivent d'échanges mutuels[1].* »

Pour commencer

Peu de choses sur la vie de Lucrèce. Le plus grand des disciples d'Épicure naquit à Rome, ou aux alentours de Rome, entre 99 et 50 av. J.-C. Mais où vécut précisément l'auteur du poème *De la nature* ? Avec qui ? Dans quelles conditions matérielles ? On ne le sait pas. Ce dont on est sûr en revanche, c'est que Lucrèce fut le contemporain des luttes de Marius et Sylla, qui mirent Rome à feu et à sang ; des guerres sociales, qui virent la population d'Italie se déchirer ; des révoltes des esclaves menés par Spartacus (et peut-être le poète vit-il pourrir les 6 000 crucifiés qui bordèrent la route de Rome à Capoue au terme de leur répression) ; des tentatives putschistes de Catilina ; du coup d'État réussi de César, qui mit fin à la République et fit entrer Rome dans l'ère de l'Empire. Certaines descriptions de Lucrèce glacent le sang :

> « *Une vaine terreur s'emparant donc des hommes, / ils veulent fuir au loin, bien loin s'en écarter, / du sang des citoyens ils s'engraissent, avides, / ils doublent leur fortune, entassant crime sur crime ; / féroces ils jubilent aux tristes funérailles d'un frère [...][2].* »

Philosopher par gros temps. Être heureux tout de même. Nombre des 7 400 vers du poème de Lucrèce vibrent de cette exigence. Pour cela, il faut que l'esprit s'apaise, en contemplant une nature intelligible de part en part, et purgée de toute idée de malédic-

---
1. *De la nature des choses*, II, 67-75 (trad. J. Kany-Turpin, Paris, Aubier, 1993).
2. *Ibid.*, III, 69-72.

tion. Or, c'est une nature exclusivement composée de corps et de vide que ce « poème scientifique » livre à notre méditation. Car le corps humain n'est pour Lucrèce qu'un corps parmi d'autres, un composé d'atomes. Et pourtant, ce n'est pas un pauvre mécanisme livré à la fatalité et à la souffrance qu'il nous décrit : l'enjeu de son matérialisme n'est pas de nous accabler, mais de nous libérer ! Le corps lucrétien est donc matériel, oui, mais susceptible de liberté, de pensée, et de joie…

Le but de la philosophie : la recherche des lois de fonctionnement de notre être

L'épicurisme est un hédonisme athlétique

La morale de Lucrèce est une morale du plaisir. L'épicurisme est un hédonisme, à savoir, une philosophie qui fixe pour fin ultime à l'homme la recherche du plaisir. Mais attention : il ne s'agit pas de se jeter sur les plats les plus délicieux et de vomir ensuite sa nourriture pour pouvoir en reprendre encore et encore. Ce que préconise le maître, c'est une économie des plaisirs bien pensée. Il peut arriver qu'un déplaisir passager ait à supplanter le recours au plaisir immédiat. Je dois prendre ce traitement repoussant que préconise le médecin si je souhaite prolonger une vie de qualité. L'épicurisme est donc un hédonisme rigoureux dans tous les sens du terme : non seulement il ne faut rechercher que le plaisir ; mais cette recherche exige beaucoup de celui qui s'y consacre. Ces principes permettent aux épicuriens d'aboutir à une tripartition des plaisirs : il y a d'abord les plaisirs naturels et nécessaires, puis les plaisirs naturels, mais non nécessaires et, enfin, les plaisirs qui ne sont ni naturels ni nécessaires. C'est dans la première catégorie qu'il faudra puiser l'essentiel de ses finalités. Manger un peu de pain, à l'ombre d'un arbre, étendu sur une herbe grasse, à discuter avec des amis chers de choses éternelles. Voilà des plaisirs qui nous tiennent dans les limites de la nature et du bonheur.

Des plaisirs de la seconde catégorie, on ne goûtera qu'avec modération, et seulement si ne doivent pas leur succéder des douleurs qui en annuleraient le bénéfice. Quant aux plaisirs de la troisième catégorie, il faut s'en détourner sans condition : faire ripaille jusqu'à l'aube, cela ne ferait que dilapider mon capital de plaisir.

Pourquoi la physique ?

Ce n'est donc pas au nom d'un commandement divin ou d'un impératif moral que l'homme ne doit pas faire ceci ou cela, mais seulement parce que la part de douleur qu'il en retirerait serait supérieure au plaisir éprouvé. Ce qu'il s'agit donc de mettre au jour, selon Lucrèce, ce sont les lois de fonctionnement de notre être, afin de poursuivre les plaisirs qui lui sont le mieux adaptés. Il faut faire de la science pour diriger notre vie. Or nous sommes selon lui, comme nous allons le voir, composés d'atomes et de vide. Seul le physicien atomiste et celui qui lui emboîte le pas peuvent donc savoir ce qui est bon pour eux-mêmes. Deux autres raisons nous imposent par ailleurs de faire de la physique pour être heureux. En effet, qu'est-ce qui nous pousse, outre la douleur ou l'insatisfaction de nos sens, dans les bras du malheur ? Cette échéance, bien sûr, qui assombrit tout l'horizon de notre existence, qui constitue le fond de toutes nos craintes : la mort. Bien sûr, la religion peut soulager un peu l'effroi qu'elle suscite, mais la peur des dieux rend sa consolation ambiguë. C'est donc à ces deux peurs qu'une philosophie antique du bonheur doit encore s'attaquer.

> « *Il faut donc dissiper ténèbres et terreur / de l'esprit, et cela, ni rayons du soleil, / ni brillants traits du jour ne le font, ce qu'il faut / c'est bien voir la nature et en rendre raison*[1]. »

---

1. *Ibid.*, I, 146-148.

Un monde fait de corps : l'atomisme de Lucrèce

Partir du familier

Qu'on ne s'effraye pas, au seuil de l'étude lucrétienne de la structure du monde : ce n'est pas d'un filandreux traité de physique qu'il s'agira. En bon poète, l'épicurien convoque, pour se faire comprendre, non seulement des images, mais aussi des expériences parmi les plus familières qui soient. Ainsi peut-il décrire une expérience qu'il nous est tous possible de faire, dans une pièce aux volets tirés, où perce cependant la lueur du jour :

> « *Quand les lumières, quand les rayons du soleil/se glissent dans l'obscurité d'une chambre, contemple./Tu verras parmi le vide maints corps minuscules/se mêler de maintes façons dans les rais de lumière/et comme les soldats d'une guerre éternelle/se livrer par escadrons batailles et combats/sans s'accorder de trêve et toujours s'agitant/au gré des alliances et séparations multiples*[1]. »

Ici, le macroscopique (ce que nous voyons) nous délivre une image du microscopique (ce que nous ne voyons pas du fait de sa petitesse). Les atomes (d'un mot grec voulant dire indivisible) tombent dans le vide, s'entrechoquent, se mêlent puis se séparent avant la prochaine union, au gré du hasard. Aussi l'union des grains de poussière dans le filet de lumière est-elle comme l'image agrandie de la constitution des corps complexes, lesquels, se réunissant eux-mêmes à d'autres corps, forment des mondes, à l'infini. Ainsi, ce sont ces corps très petits qui constituent la totalité de l'univers, depuis le grain de poussière jusqu'à la plus grande des planètes, en passant par l'esprit lui-même, composé d'atomes subtils. Les atomes ne sont-ils alors connus que par leurs effets ? Une telle investigation dans le domaine de l'invisible ne doit pas nous angoisser : nous interprétons bien souvent les faits de notre expérience comme des effets pour lesquels nous imaginons des

---

1. *Ibid.*, II, 114-120.

causes, qui existent donc, selon nous, alors même que nous n'en avons aucune expérience directe. C'est ainsi que nous procédons avec les atomes... Rien de bien nouveau, ni de bien inquiétant.

Du vide, des atomes, et c'est tout

On constate l'existence du mouvement. Or, s'il y a du mouvement, c'est qu'il y a du vide. Les atomes et le vide, donc. Il n'y a rien d'autre que ces deux principes dans l'univers.

> « [...] *En plus du vide et des corps, il ne demeure / au nombre des choses aucune autre nature / qui tombe jamais sous nos sens ou qu'un esprit / parvienne à découvrir par le raisonnement. / Car, sous les divers noms, tout se réfère à ces deux choses*[1]. »

En revanche, les atomes ne comportent aucun vide dans leur constitution, ce qui implique qu'ils soient éternels, rien ne pouvant briser leur unité. Les atomes, incréés, ont toujours existé, et existeront toujours. Cependant, si les atomes sont identiques, comment comprendre que l'univers qu'ils composent ne soit pas, de part en part, composé de corps visibles au moins ressemblants ? A fortiori, comment comprendre que certains corps soient détruits par d'autres ? Il faut en conclure que les atomes sont divers. On peut ensuite comparer le rapport entre les atomes et les corps qu'ils constituent à celui qu'entretiennent les lettres aux mots : de même qu'on peut composer un nombre infini de mots à partir d'un nombre fini de lettres, de même peut-on, à partir d'un nombre fini d'atomes, composer un nombre infini de corps.

Le monde de Lucrèce : un jeu de Lego

On pourrait aussi comparer le monde selon Lucrèce à un jeu de Lego. Les pièces en sont différentes, mais pas en nombre infini. Cependant, avec celles-ci, on peut construire tout ce que l'on veut, ou presque. Attention

---

1. *Ibid.*, I, 445-449. Comme souvent, corps veut ici dire atomes.

pourtant à ne pas prêter au monde de Lucrèce un créateur extérieur, comparable à l'enfant, qui, dans sa joie destructrice, mettra rapidement en pièces l'édifice construit de sa main potelée... Nulle divinité créatrice n'a assemblé notre monde. Le constructeur, chez Lucrèce, c'est le hasard.

Des corps simples aux corps complexes

Le monde n'est fait que d'atomes, et de vide entre les atomes. Mais comment des atomes peuvent-ils faire un monde ? Ne faut-il pas qu'ils s'assemblent ? Oui, certes, dit Lucrèce, notre monde est fait d'atomes assemblés, mais non pas selon un schéma déterminé (Par qui ? Par quoi ?) Non, c'est la rencontre hasardeuse des atomes qui est à l'origine du monde. Lucrèce affirme en effet que les corps tombent dans le vide sans que l'on puisse assigner d'origine à leur existence. Une pluie d'atomes, voici l'état initial, et incréé, de l'univers. Mais à un certain moment, ces atomes entrent en contact et leurs chocs produisent d'autres chocs. Se pose alors un problème redoutable. Que les rochers, le désert ou encore la mer soient l'effet de conglomérats d'atomes, on peut l'admettre sans objection ; qu'ils ne doivent leur perpétuation qu'à un remplacement perpétuel et fortuit de leurs parties perdues, passe encore. Mais comment concevoir qu'un arbre soit le fruit de la rencontre indéfiniment renouvelée des atomes qui le constituent ? Plus généralement, comment concevoir le vivant sans l'idée d'une fin visée par les êtres qui en composent le règne ? Le finalisme, voilà précisément ce que Lucrèce rejette tout à fait :

> « *Évite cette erreur, oui, prémunis-toi bien :/la claire lumière des yeux n'a pas été créée/pour que nous voyions au loin, ce n'est pas davantage/pour marcher à grands pas que les cuisses et les jambes/se plient à leurs extrémités et s'appuient sur les pieds,/les bras ne sont point attachés à de fortes épaules,/les mains des servantes qui*

> *flanquent notre corps / pour que nous puissions fournir aux besoins de la vie[1]. »*

Nul finalisme, donc, mais des corps complexes dus aux rencontres fortuites entre les atomes, et maintenus dans le temps de manière tout aussi immanente grâce au remplacement des parties perdues par des parties ajoutées dans la même proportion. Dans le cas des corps inertes, ce renouvellement se fait au hasard du passage des atomes à proximité du corps à renouveler, lequel dépérit quand le passage ne s'opère plus. Pour ce qui est des corps vivants, la nutrition assure l'essentiel de la recomposition du corps. Apparaît alors l'idée d'une volonté de perpétuation, qui tourne les êtres complexes dotés d'âmes, c'est-à-dire les êtres vivants, vers les compositions atomiques susceptibles d'assurer le renouvellement de ce qu'ils perdent à tout instant. Ce remplacement n'est pourtant pas perpétuel, et là est la cause de la mort des êtres et des choses :

> *« La matière assurément n'est pas un bloc compact / puisque nous voyons les choses diminuer chacune, / s'écouler pour ainsi dire à longueur de temps / et dérober leur vieillesse à nos regards / pour qui l'ensemble n'en demeure pas moins intact. / En effet, les atomes qui se détachent des corps les dépouillent pour enrichir ceux qu'ils rejoignent / forçant les uns à vieillir, les autres à prospérer / sans y mettre de cesse. Ainsi le monde se renouvelle / toujours et les mortels vivent d'échanges mutuels[2]. »*

Notre monde voit donc les atomes, à la fois se remplacer dans les êtres complexes, et aller s'unir à d'autres êtres, dont ils assurent la croissance, au détriment de ceux qu'ils quittent.

---

1. *Ibid.*, IV, 824-831.
2. *Ibid.*, II, 67-75.

La vie, l'âme, tout n'est que corps

L'âme et le corps, ou plutôt, les âmes et le corps

On le voit, Lucrèce pense les corps vivants exactement selon les mêmes principes que les autres corps. Mais alors, comment expliquer que les corps vivants semblent se mouvoir d'eux-mêmes ? Cela ne manifeste-t-il pas l'existence d'une âme ? À cette question, Lucrèce répond « oui », mais à une très importante précision près : oui, l'âme existe, mais elle n'est pas moins matérielle que ce livre ou les mains qui le tiennent ! Elle est simplement composée d'atomes plus subtils que les atomes du corps. En fait, Lucrèce distingue deux âmes : il y a d'abord « l'animus », l'âme au sens d'esprit, qui est la source de nos décisions – c'est l'âme dans le sens commun –, et il y a ensuite « l'anima », qui est répandue dans tout le corps, et permet l'application des décisions de l'*animus* dans l'ensemble du corps. Lucrèce dit ainsi, par exemple, au sujet de la volonté de se mouvoir :

> « Quand donc l'esprit se trouve en un tel mouvement, / qu'il ait la volonté d'aller et de marcher, / il frappe sur-le-champ cette force de l'âme / qui est disséminée par organes et membres, / et cela est aisé vu qu'il y est conjoint. / L'âme alors à son tour frappe le corps, si bien / que c'est toute la masse, ainsi, qui peu à peu / est poussée en avant et mise en mouvement[1]. »

L'*animus*, ici traduit « esprit », est composé des particules les plus subtiles et les plus déliées, l'*anima*, ici traduite « âme », est composée de particules également subtiles, mais un peu plus lourdes, qui s'apparentent à celles du vent. Le rôle moteur de l'âme, sa position éminente dans le corps, est donc affirmé. Mais l'âme ne diffère pas en nature des autres parties du corps : elle est totalement, et sans équivoque, matérielle. Sa prééminence n'est que fonctionnelle.

---

1. *Ibid.*, IV, 886-891.

> « *Maintenant je dis que l'esprit et l'âme se tiennent / conjoints et ne forment qu'une seule nature ; / mais ce conseil que nous nommons esprit, intelligence, / en est comme le chef et règne sur tout le corps*[1]. »

Par suite, l'union de l'âme et du corps est parfaite. De sorte que, le corps détruit, l'âme ne lui survit pas. Pas plus que l'oreille ou l'estomac. C'est pour cela que la mort n'est pas à craindre. L'âme se dissout avec le corps. Ses atomes retournent à l'univers au moment du dernier souffle. Nul châtiment. Pas de regret de la vie douce. Rien. Autre conséquence : composée d'atomes, l'âme, et tout ce qui s'y produit, s'explique tout autant que n'importe quelle autre partie du corps par le recours à la science naturelle.

Un corps capable de tout ! Perception, affection, pensée…

Jusqu'ici, on peut admettre l'explication atomiste appliquée aux corps complexes. Mais comment rendre compte de la perception et de la pensée ? Comment affirmer que c'est à une simple configuration d'atomes que je dois de voir cette table à la place où elle se trouve ? Pour l'essentiel, l'explication de Lucrèce ne dévie pas d'un pouce de l'atomisme. Perception et pensée s'expliquent par les lois qui régissent les rencontres entre les atomes : tout, ici comme ailleurs, est affaire de corps.

Perception et simulacre, une pure affaire de corps

L'explication épicurienne de la perception fait appel à une notion technique qu'il ne faut pas mésinterpréter : le simulacre. Cette notion ne désigne pas une fantasmagorie, ou un phénomène purement mental : comme toute la philosophie épicurienne, le simulacre met en jeu uniquement des atomes, et donc des corps. L'idée est que, de même que le serpent perd sa peau quand il mue, de même des membranes se détachent en permanence des corps. Ces membranes, les « simu-

---

1. *Ibid.*, III, 136-139.

lacres », sont des flux ordonnés d'atomes, qui restituent point pour point l'apparence des corps. Je ne vois donc pas la table elle-même, mais une membrane qui s'en détache et qui, à la rencontre de ma rétine, produit ce que je vois.

Dans le domaine de l'affection, primauté est accordée au toucher : l'agréable et le désagréable tiennent à la manière dont les atomes qui entrent directement en contact avec mon corps, ou indirectement, sous forme de simulacres, affectent ses atomes constitutifs.

> « *Si grandes sont ici les distances et différences / que l'aliment de l'un est vif poison pour d'autres ; / ainsi le serpent, touché de salive humaine, / se déchire et se tue par ses propres morsures. / Quand à l'ellébore, pour nous poison violent, / il engraisse les chèvres et les cailles*[1]. »

Autrement dit, si le corps perçu est réellement le corps tel qu'il est, en revanche, le corps en tant qu'il affecte mon corps est soumis à la relativité. De ce point de vue, la relativité du bon et du mauvais tient à la diversité des corps complexes. La pensée s'explique de même, pour Lucrèce, par la matière ! Car penser, c'est recevoir de l'extérieur des images des choses détachées réellement de ce dont elles sont images. C'est de la même façon que s'expliquent les créations de l'esprit ou ses délires. Se représenter un homme chauve-souris, un « Batman », c'est recevoir, en même temps, l'image d'une chauve-souris et celle d'un homme, avant de les synthétiser dans une vision unique. En sorte que, pour Lucrèce, on n'imagine jamais qu'à partir de ce qui existe réellement.

… et liberté !

Mais demeure un mystère. Si les corps complexes vivants se signalent par leur autonomie plus ou moins grande vis-à-vis de leur milieu, alors on peut parler à leur propos de liberté. L'évidence intime de cette liberté, Lucrèce en rend compte, invariablement,

---

1. *Ibid.*, IV, 636-641.

grâce à sa physique : c'est la nécessité de la déviation des atomes qui permet d'en rendre compte.

> « [...] si tout mouvement s'enchaîne toujours, / si toujours d'un ancien un autre naît en ordre fixe / et si par leur déclinaison les atomes ne prennent / l'initiative d'un mouvement qui brise les lois du destin / et empêche les causes de se succéder à l'infini / libre par toute la terre, d'où vient aux êtres vivants, / d'où vient, dis-je, cette volonté arrachée aux destins / qui nous permet d'aller où nous conduit notre plaisir / et d'infléchir nous aussi nos mouvements, / non pas en un moment ni en un lieu fixés / mais suivant l'intention de notre seul esprit[1] ? »

L'écrivain décrit ici ce que l'on ressent au moment de prendre une décision : tout dépend alors de soi et de soi seul. Il y a donc liberté à chaque fois qu'il y a décalage entre ce que se représente la pensée et l'ébranlement qui s'ensuit dans les membres, c'est-à-dire quand l'âme détermine l'action du corps. À cet égard, la liberté n'est pas attribuée exclusivement à l'humanité, et Lucrèce ne distingue pas explicitement l'homme des autres animaux. En revanche, ce qui fait la différence fondamentale entre l'ensemble des êtres vivants et les êtres inanimés, c'est la pertinence d'une distinction entre l'âme et le corps, une distinction qui n'exclut pas leur inaliénable solidarité. On parlera donc de liberté quand, premièrement, on pourra, d'une façon ou d'une autre, penser l'âme à part du corps, et quand, deuxièmement, la primauté de celle-ci sera empiriquement constatable.

> « Ne vois-tu pas qu'à l'instant où s'ouvrent les stalles / le désir des chevaux n'arrive pas à s'élancer / aussi vite qu'il se forme dans leur esprit ? / Car toute la masse de matière dans le corps / doit être mise en branle à travers les divers

---

1. *Ibid.*, II, 251-260.

membres / et suivre d'un commun effort l'intention de l'esprit¹. »

Pour finir

Atomes, vide. Rien d'autre. Sur le fond hasardeux des corps, celui de l'être humain ne se détache jamais vraiment, mêlé à tout ce qui est, sans distinction. Corps multiple fait de corps, mêlé à l'âme qui périt avec lui ; corps libre pourtant, bien qu'il soit par ailleurs soumis au jeu des perceptions, des affections et de la pensée. Mon corps bien compris peut être le lieu d'une jouissance que n'obscurcit pas la crainte de la mort. L'optimisation de la jouissance du corps, ici, va de pair avec l'abandon de toute pensée d'une finalité pour le monde, pour l'homme, pour le corps. Le corps est parmi les corps, pour les corps, rien qu'un corps, mais un corps qui peut jouir, et rire, et penser. Un beau corps, en somme, à assumer.

---

1. *Ibid.*, II, 264-269.

4/ **Saint Augustin**

du corps déchu
au corps pur

> « *Il faut absolument fuir ces choses sensibles et prendre le plus grand soin de ce que, tant que nous nous chargeons de ce corps-ci, nos ailes ne soient pas immobilisées par leur glu*[1]. »

Pour commencer

La pensée augustinienne du corps est celle d'un homme qui a fait dans sa chair[2] l'expérience des sollicitations incessantes du corps, et notamment de pulsions sexuelles insistantes. Dans *Les Confessions*, saint Augustin ne fait nul mystère de ses attachements charnels, et en affronte directement le problème, faisant preuve alors d'une honnêteté et d'une modernité remarquables. Car saint Augustin n'avait pas vingt ans en 1969, à l'époque de la libération sexuelle. Il est né le 13 novembre 354 en pleine Afrique romaine[3], et il ne fut pas « saint » dès le premier jour de sa vie. Déjà, il n'est pas né chrétien : il ne fut baptisé qu'en 387 (il avait 33 ans) et défendit longtemps, avant cette date, des thèses antichrétiennes. Lorsqu'il finit par se convertir intellectuellement au christianisme, un obstacle s'opposa à son baptême : le modèle du Christ et de ses disciples, que les premiers chrétiens se donnaient pour devoir de suivre scrupuleusement, était celui de la chasteté. Or le jeune Augustin était attaché par des chaînes, dont la force l'étonnait lui-même, à sa vie charnelle, qui, à 30 ans, était déjà riche d'aventures diverses et d'une bienheureuse vie commune avec une femme, à laquelle il ne se maria pas, mais dont il eut un fils, mort à l'adolescence, Adeodatus. Augustin ne put devenir l'homme qu'il voulait être, et que l'Église catholique sanctifia, qu'en renonçant, à grand peine, aux plaisirs de la chair. Dans une telle perspective, le corps est d'abord et avant tout une source

---

1. *Les soliloques*, I, 24 (in *Œuvres*, I, Paris, Gallimard, La Pléiade, trad. S. Dupuy-Trudelle, 1998).
2. La chair est un terme ambigu du lexique chrétien : parfois simple synonyme de corps, il désigne aussi spécifiquement parfois le corps en tant qu'il est corrompu (on trouve notamment cette acception chez saint Paul).
3. Il est né à Thagaste, ville qui s'appelle désormais Souk-Ahras, et se trouve en Algérie.

de soucis, un fardeau, une malédiction. Le problème est qu'Augustin… a adopté la foi chrétienne. Or, pour la chrétienté, Dieu s'est fait chair ! Si le corps n'est qu'une source de maux, comment comprendre que le Christ se soit fait homme, qu'il se soit incarné dans un corps humain ? Comment comprendre aussi que le Christ nous ait promis la résurrection des corps ? L'incarnation du Christ et cette promesse de résurrection imposent de penser le corps comme une partie primordiale, et non nécessairement néfaste, de l'être humain. Corps impur, tentateur, ou corps christique, et glorieux ? Au final, Augustin a bien maintenu son rejet d'un certain corps humain, le corps sexuel, mais il a ouvert un espace inédit pour un bon corps, en harmonie avec l'âme, sujet à une félicité divine. Nous ne pouvons pas espérer posséder ce corps avant le Paradis mais, pour Augustin, il s'agit bien d'un corps réel. Avant d'aboutir à cette conception, Augustin a beaucoup oscillé. Suivons un moment son chemin de pensée.

La débauche du corps

Dans *Les Confessions*, et plus particulièrement dans les parties consacrées à sa jeunesse, Augustin évoque son corps de manière extrêmement péjorative. Son corps, et le désir charnel qui l'habite, sont présentés comme une prison, ou une colle, qui empêche Augustin d'agir à son gré. Ainsi décrit-il ce moment où il ne parvenait pas à s'engager dans la vie chrétienne alors même qu'il en était désireux :

> « *Ce qui surtout me tenait prisonnier et me tourmentait violemment, c'était l'habitude d'assouvir une insatiable concupiscence*[1]. »

« Englué dans la volupté[2] », Augustin ne parvenait pas à renoncer aux plaisirs charnels. Et cela constituait pour lui une vraie défaite,

---

1. *Les Confessions* (trad. J. Trabucco, Paris, GF, 1964, p. 125).
2. *Ibid.*, p. 126.

une source de grande souffrance. Pour le comprendre, c'est aux valeurs fondamentales d'Augustin qu'il faut revenir.

Un chef-d'œuvre millénaire, Les Confessions

Sources privilégiées de connaissance sur la vie et la doctrine d'Augustin, rédigées lors des trois premières années de son épiscopat, autour de sa quarante-cinquième année, *Les Confessions* constituent une œuvre unique et magistrale, qui a profondément marqué la théologie catholique (en assurant à nombre de ses thèses un relais de premier choix), mais aussi la littérature (Augustin n'y invente-t-il pas l'autobiographie ?) et la philosophie. Poème en prose adressé à Dieu, *Les Confessions* se composent de deux parties : neuf premiers livres autobiographiques, où Augustin raconte sa vie et sa conversion, puis quatre livres exposant ses préoccupations, plus directement théologiques, d'évêque et de commentateur de la Bible. Malgré cette apparente hétérogénéité, *Les Confessions* sont unies par un projet : elles veulent montrer au lecteur l'œuvre de la grâce divine, laquelle a le pouvoir de faire accéder un pêcheur, même corrompu et asservi aux désirs charnels comme Augustin l'était lui-même, à la plénitude de la vie chrétienne, par la conversion à l'amour de Dieu. Acte de pénitence, *Les Confessions* sont surtout louange, et hymne à la gloire de Dieu.

Envie d'être, quête de salut

La vie intellectuelle d'Augustin semble avoir commencé le jour où, étudiant à Carthage, il découvrit l'*Hortensius* de Cicéron, qui l'éveilla à l'amour de la philosophie : le bonheur doit être conquis grâce à une recherche assidue de la vérité et de la sagesse. Donner forme à sa vie, voilà l'idéal qu'Augustin découvrit alors, et conserva jusqu'à sa mort. Mais comment ? Une idée, héritée du néo-platonisme, l'accompagna toute sa vie : le bien est lié à l'être, c'est-à-dire à ce qui est éternellement, absolument, sans corruption d'aucune sorte. Dans cette perspective, toute vérité réelle, toute beauté ne peuvent être qu'immuables. Dieu, bien sûr, est l'être même. Or, qu'est-ce qui, en nous, s'approche le plus de cet être ? Une image de Dieu.

> « *En nous aussi, il y a une image de Dieu, [...] bien qu'inférieure à Dieu, infiniment éloignée de lui [...] ; nous la connaissons cependant comme étant la plus proche de Dieu par la nature parmi les êtres créés par lui[1].* »

Cette image de Dieu qui est en nous, c'est l'âme, car celle-ci peut « comprendre et voir Dieu[2] ». Cette âme, certes, peut être malheureuse, « enténébrée et défigurée[3] », mais il y a toujours en elle un élan vers Dieu, même dans la pire corruption. Poursuivre le bien, chez l'homme, c'est s'identifier à cet élan, et chercher ainsi à atteindre l'immortalité qui nous est accessible, celle de la vérité et de la sagesse. Quelles que soient par ailleurs les évolutions de la pensée augustinienne du corps, cette constante demeurera : c'est l'âme, porteuse de l'élan vers Dieu, qui est supérieure au corps. Celui-ci peut ne pas l'entraver, la soutenir, mais l'âme demeure première, et prioritaire.

Le corps, une source de confusion et de corruption

La quête du bien est donc quête de l'être, de la permanence, de la vérité. Or, le point de vue d'Augustin sur la part à faire au corps dans cette quête a fortement évolué. Dans sa jeunesse, sa condamnation était sans appel. Le corps est une prison, il encombre la liberté de l'âme : par son entremise, le sensible exerce sur l'âme une attraction contraire à l'aspiration spirituelle qui devrait la guider et, si l'on s'y abandonne, les passions désordonnent et désorientent les bonnes intentions de l'âme. Le corps doit donc être traité avec la plus grande méfiance, ses demandes traitées

---

1. *La Cité de Dieu*, XI, 26 (in *Œuvres*, II, trad. J.-Y. Boriaud, J.-L. Dumas, L. Jerphagnon et C. Salles, Paris, Gallimard, 2000).
2. *La Trinité*, XIV, IV, 6 (trad. P. Agaësse, S. J., in *Œuvres*, t. 16, Paris, Études augustiniennes, 1991).
3. *Ibid.*

avec la plus grande circonspection. Comme le note Augustin dans ses *Soliloques* (écrits peu de temps après sa conversion) :

> « Il faut absolument fuir ces choses sensibles et prendre le plus grand soin de ce que, tant que nous nous chargeons de ce corps-ci, nos ailes ne soient pas immobilisées par leur glu[1]. »

Parmi les aspirations corporelles que l'âme doit veiller à contrôler, la première place est bien sûr tenue par le désir sexuel, ou « concupiscence ». À cause de son intensité et du fait qu'il peut conduire à un état extatique où l'homme se confond avec son corps, oubliant tout le reste, il est pour Augustin le plus incontrôlable des désirs : en deux mots, la libido nous rend esclaves. Or, selon lui, l'homme n'est précisément ce qu'il est, distinct des animaux, et donc conforme à la volonté divine, qu'en tant qu'il veut. Ascétisme et discipline corporelle s'imposent en général, mais la chasteté, voilà la première vertu du bon chrétien.

Mais Dieu ne s'est-il pas incarné ?

Au jeune Augustin, le corps apparaissait donc comme très dangereux. Cependant, cette méfiance viscérale posa rapidement de graves problèmes théoriques au nouveau converti. Car Dieu ne s'est-il pas fait chair ? Et le Christ, n'a-t-il pas promis aux hommes non seulement la résurrection de leurs âmes, mais aussi celle de leurs corps ? C'est donc que la possession d'un corps est compatible avec une vie bienheureuse et sainte, et même en toute rigueur avec la nature divine. Il faut donc penser que le corps puisse être… bon ?!

> #### Les ambivalences de la pensée chrétienne du corps
> Le christianisme confronta dès l'origine ses fidèles à cet exercice périlleux qui consiste à concilier le divin et l'humain, et donc le corps et l'esprit, dans une même personne, le contexte historique, plutôt dépréciatif

---

1. *Les soliloques*, I, 24 (trad. cit.).

envers le corps[1], amplifiant la difficulté de leur tâche. Rien d'étonnant, dans ces conditions, à ce que les premiers chrétiens aient été si ambivalents au sujet du corps. D'un auteur à l'autre, la reconnaissance de la pleine corporéité du Christ variait considérablement : là où Clément d'Alexandrie plaidait en faveur d'une nature christique où la raison dominait totalement le corps et ne s'y mêlait pas vraiment, Tertullien, à l'opposé, fondait la possibilité de la rédemption des hommes sur l'incarnation du Christ, laquelle conférait à celui-ci une nature réellement mêlée, humaine tout autant que divine. Pour Ambroise enfin, l'un des pères spirituels d'Augustin, corps et esprit étaient métaphysiquement intégrés, mais antagonistes dans notre expérience. Atteindre la cohérence, en un tel sujet, relevait du défi pour le jeune converti.

Le péché originel, ou l'innocence du corps

L'évolution d'Augustin : un christianisme qui s'incarne

Si Augustin reconnaissait dans ses œuvres de jeunesse que le corps devait ressusciter, il nuançait ce fait en précisant que ce corps purifié ne pouvait être que « spirituel », la matérialité du corps ressuscité lui semblant alors fortement problématique. Cependant, il lui apparut ensuite que, par une telle doctrine, il contredisait l'Évangile, où le Christ parle bien de la résurrection des corps. De plus, Dieu s'est incarné, il a donné un corps à son fils ! Selon l'Augustin de la maturité, c'est donc qu'une union harmonieuse du corps et de l'âme est possible, que c'est bien l'humanité incarnée que Dieu compte sauver :

---

1. La conception dualiste et antagoniste des relations entre le corps et l'âme, telle qu'elle se trouve par exemple exprimée dans le *Phédon* de Platon (voir le chapitre 1), était alors largement dominante.

> « *C'est de la chair visible et proprement dite qu'il faut croire sans aucun doute la résurrection[1].* »

Contrairement à ce que disait Platon dans le *Phédon*, il ne faut donc pas se réjouir de la séparation de l'âme et du corps dans la mort : il faut plutôt la supporter patiemment, et espérer l'incarnation de l'âme dans un corps pur et sain, laquelle sera enfin permise au paradis. Le revirement doctrinal est ici considérable, mais il n'est pas sans prix. Car ce corps pur et sain, il faut pouvoir le penser.

Le corps n'est pas le mal, mais son occasion

Augustin s'est trouvé toute sa vie devant ce problème principiel : il lui fallait concevoir le corps de manière à justifier qu'on ignorât certains de ses besoins et de ses désirs (puisque la chasteté était exigée de lui), tout en lui reconnaissant une bonne nature ou, du moins, une nature neutre (puisque Dieu s'était incarné et avait promis la résurrection des corps). Pour cela, il disposait cependant d'un atout : contrairement à ce que certaines de ses formules pourraient le faire croire, le corps n'est jamais considéré par Augustin comme une puissance tentatrice, une substance douée de volonté et qui voudrait notre mal, tel un diable intime. Car le corps est fait de terre et de matière, ce n'est pas un acteur, mais un simple support de nos passions, et donc de nos vices comme de nos vertus. À ce titre, c'est bien notre âme, notre volonté qui nous rend vertueux ou vicieux, et non pas notre corps, moralement irresponsable. Si l'on peut dire malgré tout que le corps est mauvais, ce n'est donc pas parce qu'il est lui-même au principe du mal, mais parce qu'il est marqué par le pêché de l'âme, lequel corrompt l'âme, bien sûr, mais aussi le corps dans lequel elle vit. La prison de l'âme, c'est la corruption du corps, dont elle est elle-même responsable.

> « *D'où cette parole de nos Écritures, rappelée dans le livre précédent : "Le corps corruptible alourdit l'âme."* » En

---

1. *De la foi et du symbole*, X, 23 (in *Œuvres*, t. 9, trad. J. Rivière, Paris, Études augustiniennes, 1988).

ajoutant "corruptible", l'auteur indique que ce n'est pas n'importe quel corps qui est une charge pour l'âme ; mais le corps rendu tel par la punition découlant du péché[1]. »

Le désir charnel, marque du péché originel

Et, de fait, n'y avait-il pas un problème logique à considérer que notre corps était responsable de notre mal ? Car, pourquoi Dieu, s'il est tout-puissant, nous a-t-il donné un corps qui nous rend esclaves ? Et bien, précisément, selon Augustin, il ne nous a pas voulus tels. Car lorsqu'il nous a créés, notre corps n'était pas une source de tentations : c'est la faute d'Adam et d'Ève qui est responsable de sa corruption.

La faute d'Adam et Ève : un « péché originel »

Le premier livre de l'Ancien Testament – le livre de la Genèse – raconte les circonstances dans lesquelles Adam et Ève, les premiers hommes, ont été chassés du paradis. Alors qu'Adam et Ève y vivaient heureux, ils ont mangé du fruit que Dieu leur avait interdit de goûter. Cet acte transgressif est, selon Augustin, le « péché originel[2] » car ils ont par celui-ci transgressé la loi de Dieu, lequel les a punis ainsi que tous leurs descendants (c'est-à-dire, selon la Bible, nous) en leur ôtant l'immortalité, en les soumettant au règne de la souffrance et du besoin et surtout, en ce qui nous concerne ici, en rendant leurs organes génitaux rebelles à leur volonté. Si ce « péché » est, selon Augustin, originel c'est qu'il est à l'origine du malheur et de la corruption des hommes. Transmis à chacun dès sa conception, il montre que tout acte sexuel, même fécond, est, pour Augustin, vicieux et porte la marque du péché de nos ancêtres.

---

1. *La Cité de Dieu*, XIII, 16 (trad. cit.), citant *La Bible*, Livre de la Sagesse, 9,15.
2. Notons que c'est saint Augustin qui est à l'origine de ce concept, dont la lettre est absente de la Bible.

> « C'est là que l'homme, après la première transgression de la loi de Dieu, commença d'éprouver en ses membres une autre loi opposée à celle de son esprit ; et il ressentit le mal de sa désobéissance quand il rencontra la désobéissance de sa propre chair comme une rétribution pleinement méritée[1]. »

Si le désir sexuel tel que nous le connaissons est la marque de la colère de Dieu, il est clair que, si nous voulons regagner notre pureté perdue, il nous faut ignorer ses requêtes et étouffer ses appels. Voilà pourquoi saint Augustin demeura toute sa vie profondément hostile envers la sexualité : non seulement elle devait être limitée au strict objectif de la procréation, mais, tous comptes faits, l'idéal était encore la totale chasteté, le célibat dépassant en vertu n'importe quel mariage.

> « [À] notre époque, il est meilleur, à tous points de vue, et plus saint, de ne pas se chercher une descendance charnelle, de se garder libre, à perpétuité, de tout lien conjugal et de se soumettre spirituellement à l'unique époux, le Christ[2]. »

Le corps n'est donc pas au principe du mal. Voilà qui le soulage d'un grand poids et permet d'imaginer un corps bon. Mais que serait un corps sans débauche ? Peut-on espérer l'obtenir en cette vie ? Si non, doit-on se résigner à attendre une grâce divine ? Autant de questions éthiques rendues possibles par la disculpation du corps. Car s'il n'est pas responsable, c'est nous qui le sommes.

---

1. *Mariage et concupiscence*, I, 6,7 (in *Œuvres*, t. 23, trad. F.-J. Thonnard, E. Bleuzen et A.C. De Veer, Paris, Desclée de Brouwer, 1974).
2. *Le bien du mariage* (in *Œuvres*, t. 2, trad. G. Combès, Paris, Desclée de Brouwer, 1937, p. 81).

Le corps à corps avec Dieu : le corps purifié

Notre corps en mieux : le corps paradisiaque

Augustin demeura sceptique toute sa vie quant à la possibilité d'une sexualité chrétienne. Il n'en demeure pas moins que la conception selon laquelle le corps est primitivement innocent lui permit de concevoir une vie paradisiaque incarnée. Il suffit alors de se représenter le corps des ressuscités sur le modèle de celui d'Adam et Ève avant qu'ils aient fauté, c'est-à-dire un corps obéissant à notre volonté, jeune et beau. Ce corps ne met plus l'homme en conflit avec lui-même : délivré de la mort et du désir sexuel, il forme un tout harmonieux avec une âme qu'aucune interférence avec sa béatitude spirituelle ne trouble plus. Si notre corps terrestre n'est pas mauvais en lui-même, mais parce qu'il porte la marque du péché des âmes, la possibilité d'une purification de ces âmes par Dieu (c'est-à-dire du pardon) implique la possibilité d'une purification des corps, et notamment – crucialement – la fin de la tyrannie de la sexualité. La conversion des âmes permet celle des corps : de débauchés, ils deviendront purs et saints.

> « [S]i parfaite alors sera la concorde entre la chair et l'esprit que l'esprit vivifiera sans avoir besoin d'aucun soutien la chair qui lui sera soumise et qu'il n'y aura chez nous aucune résistance venue de nous. Pas plus que de menace au dehors, nous n'aurons à redouter dans notre nature un ennemi du dedans[1]. »

Précisons-le : cette concorde n'est envisageable qu'à la condition que le désir sexuel soit absent du paradis. En ce lieu, ce n'est pas le désir de la *libido* mais l'usage de la volonté seule qui préside à la fécondation. Augustin a évolué quant à sa conception du corps, mais il n'a jamais pensé que la sexualité puisse être heureuse et sereine. Il n'en demeure pas moins que nos corps peuvent, tout autant que nos âmes, être sauvés par la grâce de Dieu. Que faire

---

1. *Enchiridion*, XXIII, 92 (in *Œuvres*, t. 9, trad. cit.).

cependant, avant cette résurrection miraculeuse ? Sommes-nous réduits à l'attendre en nous tournant les pouces ? Absolument pas. Car Dieu a envoyé son fils pour nous sauver et nous proposer de vivre d'ores et déjà en communion avec lui. L'incarnation du Christ, témoin de la possibilité de la résurrection de la chair ? Certes, mais aussi proposition actuelle, urgente, de conversion terrestre du corps chrétien.

Un corps plus haut : l'Église

Saint Augustin ne croyait pas que la rémission des péchés offerte aux hommes par le Christ pouvait permettre une purification totale de notre corps avant sa transmutation au paradis. Mais cela n'impliquait pas pour lui que tout effort terrestre en ce sens soit vain ou facultatif. Car l'Église, selon saint Paul, c'est le corps du Christ ! Or, par le baptême et par l'eucharistie – qui consiste à ingérer littéralement le corps du Christ – l'homme a la possibilité de se joindre à lui et de faire ainsi corps avec l'ensemble de l'Église, dont le Christ est à la fois la tête et l'époux. L'homme peut ainsi entrer dans un réel corps à corps avec Dieu, ce qui le renouvelle profondément et lui permet de subir son influence. L'appartenance à l'Église, du reste, n'est pas qu'une voie possible de salut, mais la condition de celui-ci. Car l'Église est le lieu de l'eucharistie, qui permet de communier avec Dieu et de croître dans la foi, mais aussi du pardon des péchés et de la prédication, sans lesquels nulle rédemption n'est envisageable.

> « [A]utre chose est le sacrement du baptême et autre chose la conversion du cœur, mais [...] le salut de l'homme veut l'une et l'autre pour s'accomplir[1]. »

Le salut de l'âme et le renouvellement du corps, loin d'être individuels, sont donc conditionnés par l'incorporation dans un corps plus grand. Mais est-ce vraiment étonnant, si nous portons tous collectivement depuis des générations le poids du péché de nos

---

1. *De baptismo libri*, 4, 25 (in *Œuvres*, t. 29, trad. G. Finaert, Paris, Desclée de Brouwer, 1964).

ancêtres ? Du fait qu'en chaque corps se joue la corruption de toute l'humanité, les forces isolées de chacun ne peuvent suffire à s'en purifier. Le corps, décidément, n'est pas un problème personnel.

Pour finir

Saint Augustin, critique du corps débauché ? Certainement. Son rejet, jusqu'au crépuscule de sa vie, de toute sexualité terrestre fait bien de lui l'un des piliers de la tradition de détestation du corps qui a durablement irrigué le monde judéo-chrétien. N'a-t-il pas inventé le « péché originel » et affirmé que celui-ci se transmettait au moment de la conception ? Pourtant, et à rebours de ce refoulement, Augustin a été aussi l'un des premiers à voir que le christianisme mettait le corps au centre de son message, et qu'il fallait tenter d'en rendre compte. La place pour une autre vision du corps s'est ainsi dégagée : non plus vil, mais harmonieux, non plus anarchique, mais pacifique, par la grâce de Dieu, et l'incorporation dans l'Église. Le rêve, en somme, d'un homme réunifié et serein, jouissant d'une identité heureuse de soi à soi, loin des errances et des contradictions de nos vies pleines de conflits. Un bon corps n'a alors pas grand chose d'un corps terrestre – qui peut cependant, grâce à l'Église, s'en rapprocher – mais c'est un corps, et c'est déjà quelque chose.

5/ **Descartes**
ou comment unir ce que l'on distingue

Le corps

> « *Il se peut faire que toutes ces images-là, et généralement toutes les choses que l'on rapporte à la nature du corps, ne soient que des songes ou des chimères[1].* »

Pour commencer

René Descartes, l'inventeur du rationalisme classique, est né le 31 mars 1596 mais n'a pas attendu sa naissance pour penser. Car, selon sa propre philosophie, avant de naître, il pensait déjà ! Selon lui, l'homme est en effet doté dès sa conception d'une âme ayant pour principal attribut le fait d'être une substance qui pense. Et bien sûr celle de René Descartes ne pense pas comme celle de n'importe qui... Dès ses premières années d'étude il manifesta un vif esprit critique qui l'incita, non pas à nier la possibilité de la vérité, mais à lui chercher un fondement sûr. C'est de ce mouvement critique fondamental, qui marquera durablement la philosophie occidentale, que procèdent les célèbrissimes *Méditations métaphysiques*, méditations aiguës et radicales sur les fondements des jugements que nous portons sur l'existence et la nature de notre esprit, du monde en général, de Dieu, enfin. Or, dans ce texte, Descartes affirme une thèse qui peut sembler proche de la conception platonicienne du corps, mais qui s'en distingue sur des points essentiels. Il affirme en effet dans la *Méditation sixième* :

> « *il est certain que ce moi, c'est-à-dire mon âme, par laquelle je suis ce que je suis, est entièrement et véritablement distincte de mon corps, et qu'elle peut être ou exister sans lui[2].* »

Descartes énonce donc la thèse selon laquelle âme et corps sont entièrement et véritablement distincts, l'âme pouvant exister sans le corps. Le corps, privé de toute spiritualité, est donc pour

---

1. *Méditations touchant la première philosophie*, II (in *Œuvres philosophiques*, t. II, Paris, Bordas, 1992, p. 420).
2. *Ibid.*, VI, p. 488.

Descartes une machine, ou presque. Car, malgré la distinction radicale que Descartes trace entre esprit et corps, il lui faut bien reconnaître que, par les sentiments tels que la douleur, la faim et la soif, « [l]a nature m'enseigne » que « je suis conjoint très étroitement [au corps] et tellement confondu et mêlé, que je compose un seul tout avec lui[1] » ! Descartes affirme donc la distinction et l'indépendance de l'âme et du corps, mais il reconnaît par ailleurs leur profonde et réelle union. Mais quelle énigmatique union que celle qui unit deux êtres qui ne vivent pas dans la même dimension ! La solution n'est-elle pas alors, précisément, d'assumer qu'il existe différents types de pensée, adaptés à différents types d'objets et que, en l'occurrence, ce qui est un mystère pour la raison peut être un fait pour la sensation ? Du corps même, la question se déplace alors sur les facultés dont nous disposons pour l'appréhender. Et de fait, que pouvons-nous dire du corps, sinon ce qu'il est pour nous ? Tâchons ainsi d'élucider comment le grand René Descartes a pu penser le corps humain comme une mécanique sans esprit, sans pour autant faire de l'homme une simple machine.

Le corps et l'âme : deux substances clairement distinguées

Les critères de la vérité selon Descartes : clarté et distinction des idées

Descartes a exploré toute sa vie la question des fondements de la science et, plus spécifiquement, de la certitude. De ce point de vue, si le doute est bien la méthode prônée dans les *Méditations*, il n'est pas infini, et disparaît lorsque surgit un phénomène auquel Descartes donne une importance considérable : l'évidence. L'évidence est en effet, et par définition, ce qui résiste au doute : percevoir une idée comme évidente, c'est ne trouver aucune raison d'en douter, et donc être irrésistiblement incité à y

---
1. *Ibid.*, p. 492.

adhérer. Or, pour Descartes, si nous nous représentons une chose comme évidente, c'est-à-dire, si nous nous en faisons une idée claire et distincte, c'est qu'elle est vraie.

> « Et partant il me semble que déjà je puis établir pour règle générale, que toutes les choses que nous concevons fort clairement et fort distinctement sont toutes vraies[1]. »

Mais comment ? N'y a-t-il pas mille exemples de cas où une chose nous semble évidente alors qu'il nous apparaît ensuite qu'elle est fausse ? Nous pouvons pourtant nous fier à notre sensation d'évidence, répond Descartes, tout simplement parce que nous le devons. Car aucun critère de vérité ne peut être utilisé sans que l'on ne se fie, à un moment ou à un autre, à la certitude selon laquelle ce critère est rempli ou non. Toute tentative de substituer un critère censément plus objectif à l'évidence ramène nécessairement à l'évidence. Sans foi dans l'évidence, nulle fondation possible de la science. Mais qu'est-ce qui prouve que ces sentiments d'évidence soient fiables ? L'homme, après tout, pourrait être, malgré ces sentiments, incapable d'accéder à une réelle science. Cela est exclu, selon Descartes, car, comme il le démontre dans la *Troisième Méditation*, Dieu existe, il est parfait, et donc il n'est pas trompeur ! Il serait tout à fait contraire à la bonne nature divine que nos jugements soient faux alors même que nous usons adéquatement[2] de ce que Dieu nous a donné.

L'argument de la *Méditation sixième* : la distinction réelle de l'âme et du corps

Ce qui paraît évident à mon entendement au point de forcer mon assentiment vaut donc nécessairement pour les choses. Ceci établi, Descartes est en possession d'un principe scientifique extrêmement puissant, qui le rend capable, selon ses propres mots, « d'acquérir une science parfaite touchant une infinité de

---
1. *Ibid.*, III, p. 431.
2. Reste alors bien sûr à établir quelle est la « bonne manière » d'user de nos facultés. Les *Règles pour la direction de l'esprit* ou le *Discours de la méthode* y sont spécifiquement consacrés.

choses¹ ». Et cela se manifeste au premier chef avec sa pensée du corps. Car si toutes les idées évidentes sont vraies,

> « *Il suffit que je puisse concevoir clairement et distinctement une chose sans une autre, pour être certain que l'une est distincte ou différente de l'autre².* »

Or, Descartes a prouvé dans la *Méditation seconde* que l'esprit peut être conçu complètement sans le corps... Au début des *Méditations*, il entreprend en effet de douter de tout ce dont il a été un jour persuadé, et même du reste. S'il sort de ce doute, c'est qu'il rencontre à l'occasion de son examen une certitude, qui lui semble si claire, si distincte, qu'il ne peut en douter au moment où il l'examine. C'est le célèbre passage du « cogito » :

> « *Cette proposition : je suis, j'existe, est nécessairement vraie, toutes les fois que je la prononce ou que je la conçois en mon esprit³.* »

Au moment même où il doute, et même si un malin génie le trompe sur tout ce qu'il conçoit, il pense. Et donc, s'il pense, au moment où il pense, il existe. L'homme qui pense existe au moins en tant qu'il est cela qui pense au moment où il pense. Or, et là se joue la distinction cartésienne entre âme et corps, si Descartes atteint la certitude quant à l'existence de l'homme comme être qui pense, aucune certitude correspondante ne nous permet d'affirmer son existence corporelle : cette existence corporelle, nul ne me prouve, dit Descartes, que ce n'est pas un malin génie qui m'en a donné l'impression, contre toute vérité ! Peut-être ne suis-je qu'une chose qui pense à qui l'on fait imaginer qu'il vit dans un corps ? C'est l'hypothèse – dont le film « Matrix » exploitera certains ressorts dramatiques – qui différencie crucialement le corps et l'esprit. Le seul « je » que j'ai la certitude primitive d'être n'est qu'une « substance pensante », et peut être parfaitement

---
1. *Méditations*, V, p. 479.
2. *Ibid.*, VI, p. 487.
3. *Ibid.*, II, pp. 415-416.

conçue sans la moindre dimension corporelle. Or, si l'on peut concevoir clairement et distinctement l'esprit sans le corps, c'est que l'esprit et le corps sont réellement distincts. Autrement dit, comme une substance est « une chose qui existe en telle façon qu'elle n'a besoin que de soi-même pour exister[1] », esprit et corps sont deux substances distinctes.

Le corps humain, presque un mécanisme

L'étendue est l'essence du corps

Au moment où Descartes affirme dans les *Méditations* la distinction entre l'esprit et le corps, nous n'avons encore nulle certitude quant à l'existence de celui-ci. Nous savons en revanche qu'il est une substance, et quelle est sa nature. Une substance étant « une chose qui existe en telle façon qu'elle n'a besoin que de soi-même pour exister[2] », sa nature doit en effet être établie par exclusion de tous les éléments entravant sa conception claire et distincte. Ainsi, pour pouvoir concevoir clairement et distinctement l'esprit, il faut exclure de son idée tout ce qui n'est pas pure pensée. Réciproquement, c'est « l'étendue », ou « l'extension » qui constitue la nature du corps, car :

> « tout ce que d'ailleurs on attribue au corps présuppose de l'étendue, et n'est qu'une dépendance de ce qui est étendu[3]. »

L'étendue est en effet selon Descartes le dénominateur commun de tout ce qui est sensible, et les seules idées claires et distinctes que nous pouvons nous faire d'un objet sensible se fondent sur sa réduction à cette étendue, c'est-à-dire à sa « figure », à sa « gran-

---

1. *Les principes de la philosophie*, 51 (in *Œuvres philosophiques*, t. III, Paris, Bordas, 1989).
2. *Ibid.*
3. *Ibid.*, 53.

deur » et à ses « mouvements ». Sa thèse est que nous pouvons expliquer toutes les choses sensibles à partir de ces caractéristiques géométriques, ou du moins, que nous ne pouvons les expliquer clairement et distinctement qu'en les réduisant au fait qu'elles sont étendues. L'essence du corps, en tant que substance, est donc de posséder une dimension spatiale incommensurable avec la dimension exclusivement temporelle de l'esprit. En opposant ainsi l'esprit et le corps, la pensée et l'étendue, Descartes effectue un geste qui aura des résonances scientifiques considérables : c'est la voie de la physique mathématique et d'une explication purement matérielle du corps qui est ainsi ouverte.

Penser le corps comme une machine : l'ambition mécaniste de Descartes

Le corps est donc essentiellement une substance étendue. Mais alors, le corps vivant, celui de l'homme comme de l'animal, n'est pas substantiellement différent du corps inanimé, d'une bougie par exemple, et ils doivent être expliqués par des causes de même nature : le corps doit être analysé comme une machine, et rien de plus. S'il vit, ce n'est pas, nous dit Descartes, parce qu'une âme lui donne vie, comme chez Aristote, mais parce que ses organes sont bien disposés pour cela. De ce point de vue, s'il demeure chez Descartes un principe vital, la chaleur, celle-ci ne consiste nullement en quelque feu spirituel, mais elle est suscitée par l'interaction des éléments matériels du corps, comme elle peut l'être par le frottement de deux silex. Les phénomènes corporels ne doivent plus être expliqués d'un point de vue qualitatif, mais quantitatif. Comme le dit Descartes en conclusion du *Traité de l'homme* au sujet des fonctions du corps humain :

> « *Je désire, dis-je, que vous considériez que ces fonctions suivent tout naturellement, en cette machine, de la seule disposition de ses organes, ne plus ne moins que font les mouvements d'une horloge, ou autre automate, de celle de ses contrepoids et de ses roues ; en sorte qu'il ne faut point à leur occasion concevoir en elle aucune autre*

âme végétative, ni sensitive, ni aucun autre principe de mouvement et de vie, que son sang et ses esprits, agités par la chaleur du feu qui brûle continuellement dans son cœur, et qui n'est point d'autre nature que tous les feux qui sont dans les corps inanimés[1]. »

Le corps humain, une marionnette sophistiquée ?
Dans le *Traité de l'homme*, Descartes entreprend d'expliquer la vie et le mouvement des organes corporels en n'ayant recours qu'à des explications mécanistes : la vie elle-même n'est due qu'à la chaleur suscitée par une certaine disposition de nos organes, les mouvements des membres sont dus à des « esprits animaux », qui, en dépit de leur appellation, ne sont que les parties, matérielles, les plus fines et les plus subtiles du sang, et qui circulent le long des membres pour enclencher en eux les mouvements initiés au niveau du cerveau par d'autres esprits animaux. Le modèle du corps humain, dans tous ces développements, est bien « l'automate » : si l'homme est capable de faire mouvoir à relativement peu de frais une marionnette construite de sa main, il n'y a rien d'étrange à ce que Dieu, avec tous ses pouvoirs, ait pu construire la machine, certes plus sophistiquée et ordonnée, qu'est notre corps.

L'homme n'est-il vraiment qu'une machine ?
Le mécanisme est une hypothèse

Cependant, au moment où Descartes résume sa démarche dans le *Discours de la méthode* et, plus précisément, au moment où il expose comment il s'est proposé d'étudier le corps humain comme un automate dans le *Traité de l'homme*, il exprime une réserve importante eu égard à ce projet : le corps humain n'est pas tout à fait une machine, et ce pour deux raisons. D'une part, une machine ne peut que « [proférer] des paroles[2] », et nulle-

---

1. *Traité de l'homme* (in *Œuvres philosophiques*, t. I, Paris, Bordas, 1988, pp. 479-480).
2. *Discours de la méthode* (in *Œuvres philosophiques*, t. I, p. 629).

ment parler, car parler suppose de « répondre au sens de tout ce qui se dira en sa présence, ainsi que les hommes les plus hébétés peuvent le faire[1] »... et cela, selon Descartes, aucune machine n'en est capable. D'autre part, aucune machine ne peut disposer de la capacité d'adaptation infinie nécessaire pour égaler le pouvoir de la raison, « instrument universel, qui peut servir en toutes sortes de rencontres[2] ». Notons d'ailleurs que si ces deux points différencient le corps humain d'une machine, ils le différencient aussi du corps animal, qui, lui, équivaut à une machine. Il est donc inexact que le corps humain soit pour Descartes une machine : le corps humain est *comme* une machine. La machine n'est qu'un modèle interprétatif qui permet aux hommes d'accéder à un certain savoir sur le corps humain, mais qui s'avère, si l'on veut expliquer le « vrai homme », c'est-à-dire l'homme tel qu'il est aussi vécu par chacun, insuffisant.

Et pourtant, ils sont unis !

Que ne permet pas de comprendre l'hypothèse mécaniste ? Quelle dimension du corps humain est ainsi négligée ? Toute la difficulté de cette partie de la philosophie du corps de Descartes est qu'il tâche d'y penser ce qui n'entre pas dans le cadre conceptuel qu'il a lui-même forgé pour faire la science du corps. Penser ce qui dans le corps humain n'est pas strictement mécanique, cela revient en effet à penser ce qui dans le corps humain ne se déduit pas de ses propriétés de substance étendue. Or, penser le corps comme une substance étendue, n'est-ce pas la seule manière que nous ayons de le penser de manière claire et distincte ? La difficulté et la confusion sont, en cette matière, de principe.

L'union de l'âme et du corps : un fait réel...

Les propriétés de la matière ne permettent pas d'expliquer entièrement le corps humain, et ce pour une raison que Descartes

---

1. *Ibid.*
2. *Ibid.*

précise lui-même dans le *Discours de la méthode* : il est impossible d'interpréter totalement les mouvements du corps humain sans considérer qu'il est uni à un esprit, à une intelligence. Au moment où l'on observe un corps parler ou s'adapter à une situation particulièrement inédite, se manifeste en lui une intelligence qui n'est pas réductible à de l'instinct, dans la mesure où celui-ci reste et demeure « spécialisé », là où l'intelligence humaine est susceptible d'une universalité d'application, ce qui exclut qu'elle procède uniquement de la matière. Mais l'argument décisif est ailleurs : par nos sentiments, nous faisons l'expérience quotidienne de l'union de l'âme avec le corps. Dans l'affectivité, le corps s'atteste comme corps non seulement objectif, mais comme corps sentant, un corps qui n'est plus uniquement pour les autres, mais aussi pour soi.

> *« Ce n'était pas aussi sans quelque raison que je croyais que ce corps (lequel par un certain droit particulier j'appelais mien) m'appartenait plus proprement et plus étroitement que pas un autre. Car en effet je n'en pouvais jamais être séparé comme des autres corps ; je ressentais en lui et pour lui tous mes appétits et toutes mes affections ; enfin j'étais touché des sentiments de plaisir et de douleur en ses parties, et non pas en celles des autres corps qui en sont séparés[1]. »*

…. qui ne peut que demeurer mystérieux…

Nous vivons, donc, sans cesse, quotidiennement, spontanément, l'union de l'âme et du corps. Et le corps humain, contrairement aux corps des animaux, possède un lien particulier avec la substance pensante qu'est l'âme. Mais comment l'expliquer ? D'emblée, la difficulté paraît très grande, car il s'agit de penser l'union et l'interaction de deux substances qui, selon l'entendement, n'ont aucun contact l'une avec l'autre ! Dès lors que l'on a défini le corps comme purement matériel, comment penser une interaction avec l'âme sans support matériel ? Du point de vue de l'entendement,

---

1. *Méditations*, VI, p. 485.

l'union que nous vivons n'est-elle pas incompréhensible ? Voilà précisément ce que Descartes assume : oui, il est impossible de penser l'union de l'âme et du corps selon la raison. Mais cela n'ôte pas à la thèse de l'union sa validité, car elle ne procède pas de la raison, mais de la sensation ! Si pour connaître la distinction entre âme et corps, il faut ne faire usage que de l'entendement pur, et se couper des sens, pour connaître l'union entre l'âme et le corps, il faut s'abandonner entièrement au sentiment. Comme il l'écrit à la princesse Élizabeth :

> « *C'est en usant seulement de la vie et des conversations ordinaires, et en s'abstenant de méditer et d'étudier aux choses qui exercent l'imagination, qu'on apprend à concevoir l'union de l'âme et du corps*[1]. »

De ce point de vue, « ceux qui ne philosophent jamais[2] » sont favorisés par rapport aux cartésiens qui, comme la princesse, ont tellement médité l'expérience du « cogito », qu'il leur est difficile de se fier à leurs sens. Pour penser et prouver l'union de l'âme et du corps, c'est donc une certaine véracité du sentiment, en tant qu'il est, lui aussi, une création de Dieu, que Descartes est amené à penser. Cette vérité des sentiments, cependant, ne rend pas le fait de l'union compréhensible : l'union de l'âme et du corps est irréductiblement inconcevable pour l'entendement ! Mais elle n'en est pas moins un fait réel, qu'il faut admettre.

… et pour lequel Descartes propose donc des « solutions » qui ne sont que des supports à l'action toute-puissante de Dieu

Descartes propose, en guise de « solution » au problème de l'union de l'âme et du corps, deux théories, qui ne peuvent prétendre, en toute rigueur, expliquer le mystère de cette union, mais qui sont censées réduire l'incommensurabilité entre les deux substances qu'elle lie. La première théorie a ainsi pour but de rendre compré-

---

1. Lettre à Élizabeth du 28 juin 1643 (in *Œuvres philosophiques*, t. III).
2. *Ibid*.

hensible le fait que le corps, infiniment divisible par essence, soit uni à la substance indivisible qu'est la pensée. Il s'agit de penser qu'en un certain sens le corps humain est indivisible : le corps humain forme un seul tout parce qu'il est unifié par une finalité, la conservation de son union avec l'âme. La deuxième théorie affronte aussi le problème de l'incommensurabilité du corps et de l'esprit, mais sous l'angle de leur interaction : c'est la théorie de la « glande pinéale ». Descartes affirme ainsi dans le titre de l'article 31 des *Passions de l'âme* :

> *« Qu'il y a une petite glande dans le cerveau en laquelle l'âme exerce ses fonctions plus particulièrement que dans les autres parties*[1]*. »*

Cette glande serait localisée au niveau de l'hypophyse, et aurait pour rôle de changer le cours des esprits animaux, et donc les mouvements du corps, en fonction de la volonté de l'âme (cela assurerait l'action de l'âme sur le corps) et, réciproquement, de pâtir des mouvements des esprits animaux qui arrivent du corps, et ainsi de transmettre les impressions du corps à l'âme (ce qui assurerait l'influence du corps sur l'âme). Spinoza, plus tard, raillera le caractère occulte d'une telle solution : aucune prétendue glande pinéale ne peut expliquer que des éléments du sang, fussent-ils qualifiés d'« esprits », puissent interagir avec notre esprit. Et de fait, cette glande n'existe pas. Mais ne rions pas trop vite, car Descartes ne prétend pas, répétons-le, expliquer l'union... Le mystère, là encore, il ne s'agit pas de l'éliminer, mais de le circonscrire et de le préciser.

---

1. *Passions de l'âme*, art. 31 (in *Œuvres philosophiques*, t. III).

Pour finir

Confronté au corps, le rationalisme de Descartes fut mis à rude épreuve. Comment penser que cette chose obscure – le corps – soit uni à cette chose claire et distincte – l'âme ? Face à ce défi, Descartes avait heureusement pour arme son sens profond de la réalité, et de la variété de ses dimensions. Penser, imaginer, rêver, sentir, l'homme fait tout cela, et tout cela est bien. Pour concevoir au mieux l'âme, le corps et leur union, la plus grande ressource de l'homme est de connaître ses limites, et de distinguer les cas où il doit plutôt faire usage de son entendement, de son imagination... ou de ses sens. Hommage puissant, en fin de compte, à la nature corporelle de l'homme que cette reconnaissance cartésienne au cœur de sa philosophie.

6/ Spinoza
le bonheur est (aussi) dans le corps

« *Ce que peut le Corps, personne jusqu'à présent ne l'a déterminé[1].* »

Pour commencer[2]

Baruch Spinoza naît à Amsterdam le 24 novembre 1632 dans une famille juive d'origine portugaise. Dès juillet 1656, accusé d'impiété, il est exclu de la communauté juive dont il faisait partie. La conception que Spinoza avait de la religion était, de fait, bien peu orthodoxe : pour lui, Dieu n'est pas un être créateur et providentiel, tel que chrétiens et juifs le pensaient, mais il est la Nature même. Est-ce à dire que Dieu, et donc le monde et l'homme, ne sont faits que de matière, le nom de Dieu n'étant qu'un « cache-sexe » destiné à dissimuler le matérialisme de Spinoza ? Pas du tout, car, s'il dit que « Dieu est chose étendue[3] », il dit tout autant que « Dieu est chose pensante[4] » ! La profonde originalité de sa métaphysique s'exprime ici : le monde est fait d'une substance unique, qu'il appelle Dieu, ou la Nature, mais cette substance n'est pas plus matérielle que spirituelle. Si matière et esprit il y a, c'est que la Nature s'exprime d'une infinité de façons, sur une infinité de plans appelés « attributs », qui sont irréductibles et incommensurables. Corps et esprit appartiennent donc à des plans différents, entre lesquels aucune interaction n'est possible, mais ils expriment la même substance. La première conséquence de cette conception pour le corps est qu'il n'est plus du tout pensé comme un jouet de l'esprit, mais comme un roi en son royaume ! En outre, si le bonheur du corps et le bonheur de l'esprit sont fondamentalement corrélés (puisqu'ils expriment, au fond, la même chose), il semble équivalent de rechercher le second ou

---

1. *Éthique*, III, Proposition 2, Scolie (édition bilingue et traduction de B. Pautrat, Paris, Seuil, 1999).
2. Ce chapitre doit beaucoup aux riches explications données par Chantal Jaquet dans ses nombreux travaux sur Spinoza, en particulier dans son article « Spinoza » du *Dictionnaire du corps* (dir. M. Marzano, Paris, PUF, 2007), mais aussi dans *Le corps* (Paris, PUF, 2001) ou *L'unité du corps et de l'esprit* (Paris, PUF, 2004).
3. *Éthique*, II, Proposition 2 (trad. cit.).
4. *Ibid.*, Prop. 1.

le premier. Spinoza, pourtant, semble avoir eu une vie corporelle bien banale, et bien peu jouisseuse : pas de femme, pas de maîtresse (ou d'amant) connu, une vie modeste et frugale dans un petit appartement... Sa vie semble avoir été illuminée par des joies intellectuelles – sans doute considérables – plus que corporelles. L'équivalence des plans serait-elle factice ? Loin d'être le matérialiste qu'on l'a parfois accusé d'être, Spinoza aurait-il été un ardent intellectualiste, ne revalorisant le corps que pour le plaisir intellectuel qu'il prenait à faire œuvre de métaphysicien ? À moins qu'il ait bien offert à l'homme comme idéal tout autant la joie du corps que celle de l'esprit mais qu'il ait personnellement (pour des raisons culturelles ? de commodité ? du fait des limites de ses connaissances sur le corps ?) favorisé une des deux voies, en droit équivalentes ? L'*Éthique* proposerait alors, à l'égard du corps, davantage un programme qu'une pensée achevée. C'est donc la teneur et la portée de l'affirmation spinoziste de la puissance du corps qu'il va nous falloir envisager.

L'empire du corps

Spinoza, héritier critique du cartésianisme dans lequel il a grandi, raille dans son *Éthique* la solution cartésienne de la glande pinéale[1] : pourquoi imaginer un organe absurde pour expliquer l'interaction entre le corps et l'esprit ? Une telle interaction, il n'y en a tout simplement pas, car corps et esprit sont l'expression d'une même et unique substance.

De quoi est faite la Nature ? Attributs et manières

Selon Spinoza, la substance dont est fait le monde, comme nous l'avons dit, est bien unique, mais s'exprime d'une infinité de façons, irréductibles et sans commune mesure, les attributs. Ces attributs s'expriment eux-mêmes « de manière précise et déterminée[2] » dans des manières, ou modes, lesquels constituent en

---

1. Se reporter au chapitre 5, « Descartes, ou comment unir ce que l'on distingue ».
2. *Éthique*, I, Prop. 25, Corollaire (trad. cit.).

Le corps

fait les « choses particulières », en nombre infini. Prenons garde : ces manières ne sont pas des « reflets » dégradés de la substance, mais bien des expressions pleines et entières de celle-ci, laquelle ne se présente jamais comme telle, mais toujours par leur intermédiaire. Chaque chose singulière du monde est donc, sur un plan donné, une expression singulière de la substance qu'est la Nature-Dieu. Cette infinité d'attributs, Dieu peut seul les connaître, l'homme n'en appréhendant que deux, seuls objets possibles, donc, de ses discours : la pensée et l'étendue. Esprits et corps sont les noms des choses singulières correspondant à chacun de ces deux attributs. Ainsi Spinoza définit-il les corps :

> « Par corps, j'entends une manière qui exprime, de manière précise et déterminée, l'essence de Dieu en tant qu'on le considère comme chose étendue[1]. »

Les corps sont donc des expressions singulières de la substance sur le plan de l'étendue. Paradoxalement, dans une partie intitulée « De l'Esprit », celui-ci n'est défini que secondairement : l'esprit est une idée, et une idée qui a le corps pour objet. Or, qu'est-ce qu'une idée ? C'est, de même qu'un corps, une expression déterminée de Dieu, mais cette fois en tant qu'on le considère sous le mode de la pensée : l'esprit, en tant qu'il est une idée, est « une manière de penser[2] ». Esprit et corps sont donc des manières d'attributs distincts. Malgré son apparence aride, cette thèse est fondamentale ! Car un attribut, selon Spinoza, doit être considéré isolément, indépendamment des autres attributs.

L'autonomie des corps

> « Chaque attribut d'une même substance doit se concevoir par soi[3]. »

---

1. *Ibid.*, II, Définition I.
2. *Ibid.*, II, Prop. 5, Démonstration.
3. *Ibid.*, I, Prop. 10.

Comme les attributs sont irréductibles les uns aux autres, et incommensurables, la nature des corps s'explique par les autres corps, et les lois propres aux corps, la nature des esprits s'explique par les esprits, et les lois propres aux esprits. Ainsi, il n'y a aucune interaction entre des choses qui sont les manières d'attributs différents, mais entre attributs, chacun reste chez soi ! Comme le dit Spinoza dans son langage fleuri :

> « Les manières d'un attribut, quel qu'il soit, ont pour cause Dieu en tant seulement qu'on les considère sous l'attribut dont elles sont des manières, et non sous un autre[1]. »

Toute chose n'est que l'expression de la puissance divine, et n'a donc pour cause, au bout du compte, que Dieu. Mais de surcroît, toute chose n'a pour cause Dieu qu'en tant qu'il s'exprime sur un certain plan, selon un certain attribut. Entre corps et esprit, il y a cause commune, mais parfaite étanchéité.

Autonomie n'est pas solitude

Il faut penser le corps par le corps, de même qu'il faut penser l'esprit par l'esprit. Cependant, on l'a vu, le corps n'est pas pour autant abandonné par Spinoza à son silence de chose étendue. Car il existe une idée du corps, et c'est l'esprit. Précisons ce que Spinoza entend par là. Comme nous l'avons dit plus haut, la cause des idées est la même que la cause des corps : Dieu. Les unes et les autres expriment les mêmes choses, sur deux plans différents, et respectent donc un même ordre. Dès lors, si l'on considère les choses à un niveau singulier, l'union se confirme : une manière de l'étendue, un corps, et l'idée de cette manière, un esprit, « sont une seule et même chose, mais exprimée de deux manières[2] ». Suit naturellement :

---

1. *Ibid.*, II, Prop. 6.
2. *Ibid.*, II, Prop. 7, Scolie.

> « l'Esprit et le Corps, c'est un seul et même Individu, que l'on conçoit tantôt sous l'attribut de la Pensée, tantôt sous celui de l'Étendue[1]. »

Le corps doit donc être expliqué par lui-même, l'esprit doit être expliqué par lui-même, mais l'un et l'autre sont la même chose ! L'union de l'esprit et du corps est donc affirmée par Spinoza tout autant que par Descartes, sauf que Spinoza juge impossible leur interaction. Si monisme[2] il y a chez Spinoza, il est indéniablement, comme le dit Chantal Jaquet, « atypique » et « dualiste, car l'unité, sans être un duel, se dédouble en deux expressions irréductibles[3] ». C'est l'espace de la pluralité des discours possibles sur l'homme que Spinoza ouvre ainsi : pour parler de l'homme, on peut parler du corps, en physicien ou en biologiste, ou de l'esprit, en philosophe ou en psychologue, ou des deux à la fois, en psychophysicien. Aucun discours ne semble pouvoir primer a priori, tous, en tant qu'ils partagent le même objet, ont la même dignité.

Le corps humain : un corps dans la nature

Les corps sont donc un empire... à côté d'un autre empire – celui des idées –, et même d'une infinité d'autres empires, correspondant à l'infinité des autres attributs de Dieu. Mais alors qu'est-ce qui permet de distinguer le corps humain au sein des corps ? S'il ne peut plus être singularisé comme chez Descartes par son union avec une âme, conserve-t-il une quelconque spécificité ?

---

1. *Ibid.*, II, Prop. 21, Sc.
2. Est moniste toute doctrine philosophique selon laquelle il n'y a qu'un seul type de réalité, d'existence, toutes les choses ne relevant que d'un seul type de substance (lequel peut être par exemple la matière – il s'agit alors de matérialisme). On oppose classiquement le monisme au dualisme, pour lequel le monde est fait de deux substances distinctes, le platonisme en constituant l'exemple type.
3. Chantal Jaquet, Introduction (in *La théorie spinoziste des rapports corps/esprits et ses usages actuels*, dir. C. Jaquet, P. Sévérac et A. Suhamy, Hermann Éditeurs, 2009, p. 5).

Un corps fait de corps

Spinoza développe assez brièvement sa conception des corps dans une sorte de physique dynamique qui suit la proposition 13 de la partie II de l'*Éthique*. Les corps ont en commun d'être étendus, et d'être soit au repos, soit en mouvement. Les corps les plus simples ne se distinguent précisément que par cela, c'est-à-dire par « le mouvement et le repos, la rapidité et la lenteur[1] ». Une plus grande complexité apparaît au niveau de leur composition :

> « Quand un certain nombre de corps [...] sont pressés par les autres de telle sorte qu'ils s'appuient les uns sur les autres ou bien, s'ils sont en mouvement, [...] qu'ils se communiquent les uns aux autres leurs mouvements selon un certain rapport précis, ces corps nous les dirons unis entre eux, et nous dirons qu'ils composent un seul corps ou Individu[2]. »

Chaque corps composé est donc constitué de corps plus simples qui se pressent les uns les autres ou se communiquent leurs mouvements. Il se caractérise par sa forme, c'est-à-dire par les rapports de mouvements et de repos entre ses parties, laquelle permet au final de le distinguer des autres corps. Mais qu'en est-il alors du corps humain ? Sa singularité doit-elle être réduite à une certaine configuration de mouvements et de repos ? Spinoza écrit bien :

> « Or, ce qui constitue la forme du Corps humain consiste en ceci, que ses parties se communiquent entre elles leurs mouvements selon un certain rapport précis[3]. »

Quelle spécificité du corps humain ?

Un corps humain est avant tout un corps comme un autre : sa spécificité, son essence propre ne doivent être dégagées que relativement aux autres corps. Cela, Spinoza le revendique. Dans un

---

1. *Ibid*, II, Prop.13.
2. *Ibid.*, II, Prop. 13, Déf.
3. *Ibid.*, IV, Prop. 39, Dém.

renversement total de la tradition dualiste qui l'a précédé, c'est le corps humain qui constitue pour lui la clé du mystère de l'esprit humain, et non l'inverse. Et c'est donc bien dans la forme propre du corps humain, et donc dans les rapports de mouvements et de repos de ses parties, qu'il faut chercher sa spécificité. Spinoza est cependant étonnamment peu explicite à ce sujet, au point qu'on puisse douter de cette spécificité. Au premier abord, elle semble en effet purement quantitative :

> *« Le corps humain est composé d'un très grand nombre d'individus (de nature diverse) dont chacun est très composé[1]. »*

Le corps humain ne se différencierait que par degrés des autres corps. Sauf que cette grande composition ne va pas sans conséquence ! Car à cette grande composition est d'abord corrélé le fait que :

> *« le Corps humain est affecté par les corps extérieurs d'un très grand nombre de manières, et est disposé de façon à affecter les corps extérieurs d'un très grand nombre de manières[2]. »*

Mais, pour Spinoza, la plus ou moins grande aptitude des corps « à agir et pâtir de plus de manières à la fois[3] » est elle-même liée au nombre de choses que l'âme perçoit, et donc connaît. Or, la connaissance est, selon lui, la condition de la puissance... Au final, puisque le corps humain est très composé, il paraît capable d'affecter beaucoup et d'être beaucoup affecté, ce qui le rend plus puissant que les autres ! La grande composition du corps humain serait donc la source de sa puissance. Le problème est que Spinoza définit par ailleurs la puissance comme capacité, non plus d'affecter et d'être affecté, mais uniquement d'affecter. Enlève-t-il d'une main au corps humain la puissance qu'il lui donne de l'autre ?

---

1. *Ibid.*, II, Prop. 13, Postulat I.
2. *Ibid.*, II, Prop. 14, Dém.
3. *Ibid.*, II, Prop. 13, Sc.

La puissance du corps : une question d'intégration

La caractérisation spinoziste du corps, mais aussi de sa puissance, est indéniablement ambiguë. Spinoza définit parfois la puissance du corps comme une capacité à affecter et être affecté, et parfois seulement comme une capacité à agir. Qu'en est-il alors de la puissance du corps humain ? La seconde définition de la puissance s'explique par le fait qu'est bien, pour Spinoza, ce qui nous est utile, c'est-à-dire ce qui est conforme à notre nature. Accroître notre bonheur cela consiste à être le plus possible cause de nous-mêmes, c'est-à-dire à agir conformément à notre nature, ce que Spinoza appelle précisément « agir ». Dans cette optique, la puissance d'un corps se caractérise par sa capacité à être déterminé par sa nature, que celle-ci lui soit propre ou que d'autres la partagent. Mais le corps humain semble privilégié de ce point de vue aussi ! Car sa grande composition a pour corrélat sa « haute intégration[1] » dans le monde : comme le corps humain est très différencié, il est régi par « un grand nombre de lois qui régissent également l'activité des autres corps[2] », et il est donc… puissant. Appel sans ambiguïté à la variété et à la diversité des expériences du corps !

Dis moi ce que tu ressens, je te dirai qui tu es

Les affects, ce sont, pour Spinoza, ce qui augmente ou diminue, empêche ou aide notre puissance d'agir. Or, puisque notre puissance, c'est notre capacité à être déterminé par notre nature, celle de nos affects dépend de la nôtre ! Un affect qui peut sembler identique chez deux personnes sera différent selon leurs natures respectives. Mais alors, l'affect d'un cheval, ce n'est pas l'affect d'un homme : « Cheval et homme, c'est vrai, sont tous deux emportés par le Désir de procréer ; mais l'un, c'est une lubricité de cheval, et l'autre, d'homme[3]. » Et l'affect d'un homme lubrique n'est pas celle d'un sage !

---

1. Pierre-François Moreau, *Spinoza, L'expérience et l'éternité* (Paris, PUF, 1994, p. 449).
2. Julien Busse, « Le corrélat corporel de l'activité rationnelle de l'esprit dans l'*Éthique* » (in *La théorie spinoziste des rapports corps/esprit et ses usages actuels*, p. 77).
3. *Éthique*, III, Prop. 57, Sc. (trad. cit.).

Car l'homme lubrique voudra immodérément forniquer, là où l'homme sage joindra l'amour à la libido. Leurs affects différencient donc tout autant les hommes des animaux… que les hommes entre eux.

Le salut du corps : un bonheur ne vient jamais seul !

La très grande composition du corps humain assure sa supériorité sur les autres corps. Mais méfions-nous des tentations de l'autosatisfaction : si l'on trouve dans l'*Éthique* une caractérisation de la puissance du corps humain, l'enjeu n'est certainement pas d'établir sa supériorité. Car l'*Éthique* est avant tout un ouvrage destiné à nous montrer la voie de la béatitude, laquelle est loin d'être assurée. Avant que notre corps soit celui d'un sage, long est le chemin.

Le discours de l'*Éthique* : le salut par l'âme…

L'objet de l'*Éthique* est défini par Spinoza à l'entrée de sa deuxième partie. Après avoir expliqué l'essence de Dieu, il se propose d'expliquer une partie de ce qui s'ensuit nécessairement :

> « *Non, certes, tout ce qui en a dû suivre […] mais seulement [les choses] qui peuvent nous conduire, comme par la main, à la connaissance de l'Esprit humain et de sa suprême béatitude*[1]. »

Le but est donc le suivant : nous apporter les explications qui peuvent contribuer à notre connaissance de l'Esprit humain et de sa béatitude. Si l'enjeu du livre est, comme son titre l'indique, éthique, sa voie paraît théorique. Sauf que connaître ce qu'est la béatitude, cela n'est pas l'atteindre ! Mais intervient là l'une des thèses fondamentales de Spinoza : la béatitude, c'est la connais-

---
1. *Ibid.*, II, Introduction.

sance même ; celle de nous-mêmes, des choses extérieures, de la nature entière, donc de Dieu.

> « [L]a béatitude n'est rien d'autre que la satisfaction même de l'âme qui naît de la connaissance intuitive de Dieu[1]. »

Et de fait, si l'action véritable – remède à la servitude, et donc condition de la béatitude[2] – consiste à agir conformément à sa nature, et dans la mesure où la nature de l'homme « suit l'ordre commun de la Nature[3] », il n'y a d'action véritable que conforme à cet ordre commun de la Nature. Le sage se doit donc de rechercher la béatitude en formant des idées adéquates de cette Nature, pour agir conformément à son ordre. La connaissance permet seule à l'Esprit de se réapproprier le monde, de reprendre l'initiative, d'atteindre, enfin, au bonheur.

… est favorisé par une bonne éthique corporelle

La connaissance permet à l'Esprit d'agir dans une plus grande conformité avec sa nature, et donc de progresser vers la béatitude. Doit-on alors comprendre que Spinoza se fait une conception purement intellectuelle du bonheur ? Le corps est-il exclu des considérations éthiques de Spinoza, alors même que celui-ci le réhabilite par ailleurs de manière stupéfiante ? Il n'en est évidemment rien. Car du point de vue même de la béatitude de l'esprit, le corps a un important rôle à jouer. Comment l'inverse serait-il possible ? Corps et esprit ne sont qu'un seul et même individu, et s'il n'y a entre eux aucune détermination possible, il n'en demeure pas moins que :

> « toute chose qui augmente ou diminue, aide ou contrarie, la puissance d'agir de notre Corps, l'idée de cette

---

1. *Ibid.*, IV, Appendice, Chapitre IV.
2. Spinoza identifie la liberté de l'Esprit et la béatitude (dans l'introduction de la cinquième partie, par exemple).
3. *Éthique*, IV, Prop. 4, Cor (trad. cit.).

> *même chose augmente ou diminue, aide ou contrarie, la puissance de penser de notre Esprit[1].* »

Pour atteindre le salut, il est tout à fait souhaitable de rechercher, parallèlement à la connaissance, un accroissement de la puissance du corps.

L'art de vivre avec son corps selon Spinoza

Spinoza nous donne une idée du mode de vie qui peut nous permettre d'atteindre la béatitude en accroissant la puissance de notre corps dans une charmante scolie : « Il est, dis-je, d'un homme sage de se refaire et recréer en mangeant et buvant des bonnes choses modérément, ainsi qu'en usant des odeurs, de l'agrément des plantes vertes, de la parure, de la musique, des jeux qui exercent le corps, des théâtres et autres choses de ce genre dont chacun peut user sans aucun dommage pour autrui[2]. » L'accroissement de la puissance du corps n'est donc en rien synonyme d'un déchaînement des passions et des jouissances, lequel conduit tout droit à une vie obsessionnelle et douloureuse : il s'agit surtout de satisfaire toutes les parties de notre corps, en respectant leur variété et leur équilibre. L'idéal qui transparaît ici semble celui d'une vie corporelle faite de plaisirs variés.

À moins qu'il n'y ait un salut par le corps ?

Si Spinoza inclut les joies du corps dans sa conception de la béatitude, demeure cependant dans l'*Éthique* un déséquilibre flagrant entre les rôles conférés respectivement au corps et à l'esprit. Pourquoi, si l'esprit et le corps sont un seul et même individu, privilégier ainsi le salut par l'esprit plutôt que par le corps ? En fait, les deux voies sont ouvertes par Spinoza lorsqu'il dit :

---

1. *Ibid.*, III, Prop. 11.
2. *Ibid.*, IV, Prop. 45, Sc.

> « Qui a un Corps apte à un très grand nombre de choses, a un Esprit dont la plus grande part est éternelle[1]. »

Le salut, lié pour Spinoza à l'obtention d'une mesure d'éternité, peut aussi être atteint par une augmentation du pouvoir du corps. Si les deux voies ne sont pas développées à égalité dans le traité, c'est pour une raison simple : accroître la puissance du corps n'est pas l'affaire de la philosophie, mais de la médecine ! L'*Éthique*, ouvrage de philosophie, dessine avant tout un parcours intellectuel, et vise la puissance de l'esprit, davantage que celle du corps, qui n'est pas de son ressort. On peut aussi penser que, si Spinoza n'a pas davantage développé la voie du salut par le corps, c'est aussi du fait de l'ignorance de son époque, qui est encore en partie la nôtre. Comme le dit Spinoza :

> « ce que peut le Corps, personne jusqu'à présent ne l'a déterminé[2]. »

Pour finir

Spinoza, le philosophe-géomètre, a ouvert sur le corps une perspective d'une nouveauté considérable. Libéré de l'emprise de l'esprit, le corps spinoziste s'ébat joyeusement dans un monde qui lui est propre. Uni à l'esprit, son état et sa puissance révèlent ceux de celui-ci. L'homme, en tant qu'il est corps et esprit, a donc pour idéal tout autant la béatitude de son esprit que l'allégresse de son corps, l'une n'étant que l'envers, tout aussi précieux, de l'autre. Hymne à la diversité et à la variété du corps, *l'Éthique* constitue à son égard, plus qu'un aboutissement, un point de départ, celui d'une exploration, nécessairement infinie, et sous toutes ses facettes (artistiques, sportives, sexuelles...) de sa puissance.

---

1. *Ibid.*, V, Prop. 39.
2. *Ibid.*

7/ Nietzsche
« le corps comme fil conducteur[1] »

---

1. *Fragments posthumes*, XII, 2 [91] (in *Œuvres philosophiques complètes* – désormais notées *OPC* –, XII, trad. J. Hervier, Paris, Gallimard, 1978).

Le corps

> « *Le corps est une grande raison, une pluralité à sens unique, une guerre et une paix, un troupeau et un pasteur[1].* »

Pour commencer

Les causes précises du décès de Frédéric Nietzsche, survenu le 25 août 1900 à Weimar, ont fait l'objet d'une polémique dont l'enjeu dépasse la simple anecdote. Nietzsche est en effet mort dans la démence, enfermé dans le mutisme après avoir perdu connaissance en pleine rue le 3 janvier 1889 à Turin. Pour dramatiser davantage ce dernier épisode, la légende rapporte parfois qu'il venait, ce 3 janvier, d'embrasser un cheval que son cocher fouettait. La folie de Nietzsche minerait-elle d'avance la pertinence et la force de son discours ? Car Nietzsche était rongé depuis plus de trente ans, au moment de cette crise finale, par des troubles physiques de plus en plus paralysants : céphalées, troubles oculaires et digestifs, sensations de paralysie, son corps était rongé par des maux qui ont fini par abattre son esprit et étouffer sa voix. Est-ce à dire que ces maux, durant toute sa vie, ont déformé sa raison et imposé leurs conclusions ? Est-ce à dire que l'œuvre de Nietzsche, tout entière, est maladie, folie ? Ce serait un démenti tragique à la pensée de celui qui, au contraire, prônait l'art de la grande santé, et réclamait de tous ses vœux une philosophie-médecine. Car, selon Nietzsche, la pensée est affaire de corps : nos mots, nos thèses, nos doctrines ne sont que les expressions des pulsions de notre corps. Ce qu'indique un système de valeur, c'est un état du corps, ce qu'il manifeste, c'est ce qu'un corps, des corps, font de leurs pulsions : rejet ou acceptation, contention ou libération. Penser mieux, donc, pourquoi pas ? Mais surtout, se guérir des doctrines métaphysiques qui aliènent et étouffent la vie, et se sculpter un corps capable de vivre mieux, et plus, en pleine santé.

---

1. *Ainsi parlait Zarathoustra*, « Des contempteurs du corps » (in *OPC*, VI, trad. M. de Gandillac, Paris, Gallimard, 1971).

La maladie de Nietzsche, donc, symptôme de l'échec de sa philosophie ? Il s'en défend. Car la santé que vise Nietzsche n'est que secondairement biologique : elle est avant tout l'affirmation d'une « volonté de puissance », une puissance qui ne consiste pas à mieux se conserver biologiquement, mais à accueillir le devenir et à créer, à partir de lui, du nouveau. La maladie de Nietzsche, selon Nietzsche lui-même, ne serait donc pas un échec, mais une occasion de voir son corps à l'œuvre et de mesurer en lui la capacité de création. Corps malade, mais corps puissant ? Primauté du corps, mais critique du corps ? Car le corps est bien, selon Nietzsche, le point de départ de toute bonne philosophie, mais ce n'est pas un corps brutalement, sommairement biologique : c'est un corps tout entier culturel, constitué d'interprétations tout autant que de chair et de sang ! La pensée nietzschéenne du corps ne peut pas se résumer par la revalorisation à laquelle on l'identifie parfois sommairement.

Le corps, puissant maître de l'âme

Pour une grande part de la tradition philosophique et notamment, comme nous l'avons vu, pour les traditions platonicienne et chrétienne, l'homme est divisé en deux parties distinctes – l'âme et le corps –, la primauté – ontologique, épistémologique, axiologique – étant accordée, bien évidemment, à l'âme. La pensée nietzschéenne du corps peut se comprendre comme une opposition à cette hiérarchie, comme une critique de la condamnation du corps, mais elle consiste surtout en une critique de cette partition selon laquelle on le pense usuellement. Si Nietzsche, donc, a revalorisé le corps, il l'a surtout intégralement repensé.

Le corps, ce réel

La pensée nietzschéenne du corps est une pensée de réaction. Ce qu'il nous dit du corps, souvent, il le dit contre : contre Platon, contre le catholicisme (représenté par la figure de saint Paul, ou du Christ), contre la méconnaissance et la stupidité de « la foule ». Le point de départ de sa pensée est un constat d'ignorance :

> « Aussi loin que quelqu'un puisse pousser la connaissance de soi, rien pourtant ne peut être plus incomplet que son image de l'ensemble des instincts qui constituent son être. À peine s'il peut nommer les plus grossiers par leur nom[1]. »

Notre être est constitué d'instincts, c'est-à-dire de processus organiques contraignants, et ces instincts, non seulement nous les ignorons, mais nous ne savons même pas qu'ils nous constituent. Or, cette ignorance commune, jamais réellement surmontée par les philosophes, permet la perpétuation de préjugés faux, et même nocifs. Car on croit souvent que l'âme est plus fiable, plus constante, plus réelle que le corps, mais c'est tout le contraire : lorsque nous jugeons mal de ce que nous voyons, ce n'est pas le corps qu'il faut blâmer, mais la pensée ! C'est elle qui trahit le réel en y introduisant une constance, une régularité, une substantialité qu'il n'a pas. Selon Nietzsche, l'essence de la réalité, c'est le devenir, l'ambiguïté, l'irrégularité, le changement. Or, la pensée fait régner l'être contre le devenir, l'univocité contre l'ambiguïté, les lois contre l'irrégularité, c'est elle qui nous trompe donc sur le réel.

> « [Les sens] ne mentent pas du tout. C'est ce que nous faisons de leur témoignage qui y introduit le mensonge, le mensonge de l'unité, le mensonge de l'objectivité, de la substance, de la durée... C'est la "raison" qui est cause de ce que nous falsifions le témoignage des sens. Tant que les sens montrent le devenir, l'impermanence, le changement, ils ne mentent pas[2]... »

---

1. *Aurore*, II, §119 (in *OPC*, IV, trad. J. Hervier, Paris, Gallimard, 1980).
2. *Crépuscule des Idoles*, « La "raison" dans la philosophie », §2 (in *OPC*, VIII, trad. J.-C. Hémery, Paris, Gallimard, 1974).

L'âme n'est donc pas notre meilleure arme épistémologique, mais, à rebours des jugements classiques, une sournoise reine de l'illusion. Est-elle du moins plus réelle que notre corps, qui change à chaque seconde ? Pas du tout, car, comme nous venons de le voir, la réalité, précisément, est changement ! Si le corps ne cesse de différer de lui-même, cela indique qu'il est réel.

Nous sommes corps, et rien que cela

Le corps, donc, loin d'être dépassé en être par l'âme, est tout à fait réel. Mais ce n'est pas tout : Nietzsche ne critique pas uniquement la supériorité de l'âme sur le corps, c'est leur partition que, plus fondamentalement, il déstabilise. Il n'y a pas, pour Nietzsche, une âme et un corps qui interagissent : l'âme n'est qu'une partie du corps. Comme Zarathoustra[1] le proclame :

> « *Corps suis tout entier, et rien d'autre, et âme n'est qu'un mot pour désigner quelque chose dans le corps*[2]. »

Raison, conscience, pensée, intelligence, usuellement associées à l'âme, ne sont donc rien que des parties du corps. C'est le corps qui sous-tend chacune de nos pensées, de nos idées, de nos pseudo-vérités. Car l'homme est fait d'instincts et de volontés – le plus souvent inconscients – qui guident ses pensées, lesquelles, ainsi, ne sont que l'expression de ses pulsions organiques, de son corps, en somme. De vérité absolue, « brute » ou « pure », il n'y a point, tout est désir et interprétation. Ainsi poursuit Zarathoustra :

> « *Derrière tes pensées et tes sentiments, mon frère, se tient un puissant maître, un inconnu montreur de route – qui se nomme soi. En ton corps il habite, il est ton corps*[3]. »

---

1. Zarathoustra est un poète-prophète, héraut et personnage principal de l'une des œuvres emblématiques de Nietzsche, *Ainsi parlait Zarathoustra*.
2. *Ainsi parlait Zarathoustra*, « Des contempteurs du corps » (in *OPC*, VI, trad. M. de Gandillac, Paris, Gallimard, 1971).
3. *Ibid.*

Nous sommes corps, intégralement, et ce qui, pour la masse comme pour Socrate, semble y échapper (l'âme, la vérité, la pensée) n'en est que le serviteur. La pensée n'est qu'un outil au service du corps, elle en est un sous-produit.

« Le corps comme fil conducteur »

Non seulement le corps est réel et fidèle à la réalité, mais il est ce que nous sommes. Dès lors, l'âme n'est-elle pas un bien mauvais point de départ pour celui qui veut se connaître ? Il faut, dit Nietzsche, « partir du *corps* et de la physiologie[1] » car une pensée n'est qu'un « symptôme d'une situation beaucoup plus vaste et complexe[2] ». Mais ne nous méprenons pas : ce n'est pas parce que chaque pensée est le symptôme d'une situation complexe qu'il faudrait partir de ce symptôme, comme s'il constituait une émanation simplifiée du corps. Car les pulsions du corps demeurent, malgré leur nombre et leur variété, plus fondamentales que les pensées qu'elles suscitent. C'est donc cette situation plus vaste et complexe, ce corps, et sa physiologie, qu'il faut étudier en premier. Nietzsche s'oppose ainsi frontalement, et explicitement, à Platon : non seulement le corps est le réel même, mais il est, pour un philosophe, le premier objet.

Le corps : un collectif d'âmes

Le corps, un collectif de vivants hiérarchisés

Il faut donc commencer par étudier le corps. Nietzsche n'a pas seulement mis sur lui un coup de projecteur revigorant, il en a proposé une analyse extrêmement stimulante du fait de son extension possible hors du champ de la physiologie proprement dite, jusqu'à la psychologie, la psychanalyse[3], et même l'analyse du sociopolitique. Un corps, en effet, pour Nietzsche, n'est pas un

---

1. *Fragments posthumes*, XI, 40 [21] (in *OPC*, XI, trad. M. Haar et M. B. de Launay, Paris, Gallimard, 1982).
2. *Ibid.*, 38 [1].
3. L'affinité réelle bien que problématique entre l'œuvre de Nietzsche et celle de Freud a d'ailleurs souvent été commentée.

individu, ce n'est pas un tout homogène, c'est d'abord un ensemble de forces fabuleusement diverses. Notre corps n'est pas un principe unique, il est fait d'innombrables pulsions. Or, ces pulsions, Nietzsche les appelle des « vivants », car elles ne sont pas stables, figées, apparentées à des « atomes spirituels, mais [elles sont] des êtres qui croissent, luttent, s'augmentent ou dépérissent[1] ». Mais alors comment notre corps peut-il disposer d'une cohésion, qui, bien qu'imparfaite, se manifeste pourtant en lui ? Il y a là un miracle, et même le « "miracle des miracles"[2] » ! Le prendre en compte devrait nous faire considérer le corps à sa juste mesure, comme la chose la plus élaborée et la plus surprenante qui soit, et nous détourner définitivement de l'admiration à courte vue pour l'âme ou l'intellect. À ce miracle, Nietzsche donne cependant une explication : si le corps est un tout, c'est que nos pulsions sont hiérarchisées. Certains de ces vivants sont supérieurs à d'autres et ordonnent le tout autour de leurs ordres, auxquels répond l'obéissance des autres. Notre « unité subjective », dit-il, est « faite d'un groupe de dirigeants à la tête d'une collectivité[3]. » Ainsi peut-il définir l'homme :

> « L'homme est une pluralité de forces qui se situent dans une hiérarchie[4]. »

Le corps comme modèle sociopolitique : le rêve d'une société aristocratique ?

Nietzsche, pour décrire le corps, fait usage de métaphores politiques : le corps est fait de forces en lutte, qui demeurent solidaires grâce à la hiérarchie maintenue entre elles par la domination de certaines forces, supérieures, sur d'autres. Il serait aisé de déduire d'une telle description une adhésion de Nietzsche au modèle aristocratique. Mais attention ! Si Nietzsche dénonce l'égalitarisme en tant qu'il relève du ressentiment et de

---

1. *Fragments posthumes*, XI, 37 [4] (trad. cit.).
2. *Ibid.*
3. *Ibid.*, 40 [21].
4. *Ibid.*, 34 [123].

la médiocrité, nul essentialisme aristocratique ne règne chez lui : non seulement tous les vivants constituant l'homme sont, selon lui, « de même espèce[1] » mais les derniers, pour Nietzsche – en l'occurrence – comme pour Jésus, peuvent être les premiers, les forces dominantes se faire auxiliaires, et réciproquement. Son refus de l'égalitarisme est bien davantage une critique du règne des médiocres qu'un appel à une société aristocratique héréditaire, qu'il exècre tout autant.

Des vivants qui sont des âmes : le cercle physiologico-psychologique

Le corps est donc un ensemble de vivants échangeant de manière hiérarchisée, mais non uniformément hiérarchisée, du commandement et de l'obéissance. Est-ce à dire que Nietzsche conçoit le corps comme une sorte d'ordinateur avant l'heure, où certains composants seraient chargés, par roulement, d'envoyer des instructions que les autres auraient pour fonction d'appliquer ? Une telle interprétation serait un contresens. Car les vivants tels que Nietzsche les pense ne sont pas des mécanismes, et la transmission des ordres, loin d'être automatique, manifeste de la pensée et, à chaque étape, une appréciation fluctuante de la hiérarchie en place. L'obéissance entre les vivants est ainsi qualifiée de « multiforme, non pas aveugle, bien moins encore mécanique, mais critique, prudente, soigneuse, voire rebelle[2]. » La communication entre les vivants est donc modulée par les appréciations critiques, voire « rebelle[s] » des différentes instances en jeu. À ce titre, loin de les assimiler à des rouages, Nietzsche pense les constituants du corps comme des « âmes ». Ainsi dit-il très clairement :

« *Notre corps n'est pas autre chose qu'un édifice d'âmes multiples[3].* »

---

1. *Ibid.*
2. *Ibid.*, 37 [4].
3. *Par-delà bien et mal*, « Des préjugés des philosophes », §19 (in *OPC*, VII, trad. C. Heim, Paris, Gallimard, 1971).

Le corps est donc constitué d'âmes. Mais comment les analyser ? Faut-il supposer qu'elles sont elles-mêmes fondées sur des corps dont elles ne sont que le produit ? Mais ces corps, seraient-ils eux-mêmes faits d'âmes ? N'y aurait-il pas alors le risque d'une régression à l'infini ? Pour répondre, il faut revenir en deçà de l'opposition de l'âme et du corps, aux principes fondamentaux de la philosophie de Nietzsche.

Santé du corps, santé de la pensée : la philosophie comme médecine

Âme et âmes du corps : la volonté de puissance

Chez Nietzsche, l'analyse de l'âme comme partie du corps est complexifiée par l'analyse du corps comme collectif d'âmes. Le danger d'une circularité des causes et des effets semble apparaître ici. Mais attention au contre-sens ! Car l'âme nietzschéenne n'est pas une substance spirituelle, évanescente, au sens platonicien, ou même chrétien : c'est avant tout une pulsion ou, pour reprendre le « concept emblème » – trop souvent déformé – de la philosophie nietzschéenne : une « volonté de puissance ». Qu'est-ce à dire ? Reprenons la conception nietzschéenne de la réalité : pour lui, la réalité est flux perpétuel, devenir, changement, chaos. De ce point de vue, il n'y a aucune science, mais uniquement des interprétations. Le réel est modulé pour chacun selon ce qu'il souhaite, selon ses pulsions, qui sont, en tant que telles, les principes d'organisation originaux de la réalité. La volonté de puissance se manifeste donc essentiellement par la forme et l'interprétation qu'elle donne de la réalité ; volonté de puissance et interprétation peuvent même être considérées comme équivalentes. Si notre corps est un ensemble d'« âmes », selon Nietzsche, c'est donc parce que chaque corps est constitué d'une multitude de pulsions interprétant le monde selon différentes modalités, pulsions interprétatives dont les alliances, ou les rivalités, font émerger une volonté de puissance globale, qui sera celle du corps en son ensemble. Ainsi Nietzsche écrit-il :

> « *la volonté de puissance est la forme primitive de l'affect, [...] tous les autres affects n'en sont que des développements*[1]. »

La volonté de puissance, un apanage des forts ?

La volonté de puissance est souvent considérée comme ce qui selon Nietzsche discriminerait les forts, qui doivent dominer, des faibles, qui doivent obéir. Mais si elle est bien la source de la vitalité prônée par Nietzsche, elle est tout autant cause... de sa décadence ! En tant qu'elle est plurielle et se donne sous forme de jeu entre pulsions rivales, elle peut en effet prendre une forme affirmative : elle consiste alors en une acceptation et une appropriation du devenir, en une capacité de création. Voilà celle que Nietzsche voudrait voir régner, mais notons qu'elle ne recèle rien de biologique, ou d'essentialiste : ce qu'il célèbre en elle, c'est l'innovation. Mais lorsque les instincts se dérèglent, qu'ils se confrontent anarchiquement, le tout perd sa capacité à incorporer et maîtriser le devenir, et la volonté de puissance dégénère en médiocre instinct de conservation : règnent alors la rumination, le ressentiment et la peur du risque. La volonté de puissance, principe premier, oui. Mais pour le « Surhomme » comme pour les médiocres !

Par rapport à ces pulsions multiples rivalisant dans ce corps tout entier pensant, l'âme, la conscience, n'est qu'un appendice superficiel et presque facultatif. Cette âme est en effet suscitée par le corps pour finir de simplifier, en imposant une perspective par essence limitée, une réalité encore trop confuse pour un corps humain efficace, mais trop imparfait pour que ses pulsions s'or-

---

1. *Fragments posthumes*, XIV, 14 [121] (in *OPC*, XIV, trad. J.-C. Hémery, Paris, Gallimard, 1977).

donnent convenablement d'elles-mêmes en vue de l'expansion du tout. Ce que l'on appelle usuellement l'âme, c'est la pulsion interprétative émergeant du corps et finissant de donner un sens à la volonté de puissance globale ainsi suscitée.

« *Notre corps n'est pas autre chose qu'un édifice d'âmes multiples*[1]. »

L'appel au philosophe-médecin

L'âme n'est donc que la partie immergée de l'iceberg pensant que nous sommes en tant que corps : elle n'est qu'une petite raison, seule consciente, dans une raison plus grande, largement inconsciente, qu'est le corps. À cet égard, le corps est obscur plus que souterrain, et si la pensée apparaît simple, c'est qu'elle assimile, tel « l'estomac » auquel Nietzsche la compare souvent, le multiple qu'est le corps. Mais alors, si la pensée n'est qu'assimilation des pulsions du corps, s'il n'y a nulle vérité, mais que partout règne l'interprétation, la philosophie ne peut que changer de sens : il ne peut plus s'agir, avec elle, de dire ce qui est, car elle prône inévitablement, dans son discours, telle valeur plutôt que telle autre, et encourage ainsi le règne de telle pulsion plutôt que de telle autre. La philosophie ne peut plus avoir pour but celui que lui assignait Platon – la recherche de la vérité –, elle se fait nécessairement action et, dans le meilleur des cas, médecine. Le corps détrône alors l'âme non seulement comme premier objet d'étude du philosophe, mais aussi comme but de son œuvre ! Celle-ci devra se déployer en deux moments. Dans un premier temps, il s'agira pour le philosophe de porter un diagnostic sur les valeurs manifestées par les doctrines dominantes :

« *Il est légitime de considérer les audacieuses folies de la métaphysique et particulièrement les réponses qu'elle donne à la question de la valeur de l'existence, tout d'abord comme autant de symptômes de constitutions corporelles propres à certains individus […]. J'en suis*

---

1. *Par-delà bien et mal*, « Des préjugés des philosophes », §19 (trad. cit.).

> *encore à attendre la venue d'un philosophe médecin, [...] qui un jour aura le courage de porter mon soupçon à l'extrême et d'oser avancer la thèse : en toute activité philosophique il ne s'agissait jusqu'alors absolument pas de trouver la "vérité", mais de quelque chose de tout à fait autre, disons de santé, d'avenir, de croissance, de puissance, de vie[1]... »*

L'enjeu, dans un second temps, sera de dépasser l'élucidation, pour rechercher la guérison et parvenir à l'incorporation, par le biais du texte philosophique, de certaines valeurs, ces valeurs du « Surhomme » qui, selon Nietzsche, sont les plus propices à la vie, à la création, à la volonté de puissance affirmative.

> *« Le but : l'évolution vers un stade supérieur du corps tout entier et pas seulement du cerveau[2] ! »*

Pour finir

La philosophie doit donc, selon Nietzsche, non seulement « partir du corps » et le prendre comme « fil conducteur », mais elle doit aussi tâcher d'agir sur lui, afin d'y faire dominer les valeurs les plus fécondes, les plus fidèles à la vie, à sa puissance, à son devenir perpétuel. La valorisation du corps nietzschéen n'est donc pas un retour à une matérialité primitive : le principe originel qui anime le corps, au contraire, c'est l'interprétation. Si la maladie organique n'est donc pour Nietzsche qu'une occasion de diagnostic, et non un démenti de sa valeur philosophique, c'est que la puissance qu'il appelle de ses vœux n'est que secondairement physique : l'essentiel est de dire « oui » au flux de la vie et du devenir. Cela implique, à rebours des traditions platonico-chrétiennes, de ne

---
1. *Le Gai Savoir*, Préface à la deuxième édition, §2 (in *OPC*, V, trad. P. Klossowski, Paris, Gallimard, 1982).
2. *Fragments posthumes* IX, 16 [21] (in *OPC*, IX, trad. A.-S. Astrup et M. de Launay, Paris, Gallimard, 1997).

plus dévaloriser le corps. Mais cela n'implique pas du tout de créer, par l'eugénisme, un Surhomme biologique : la sœur de Nietzsche, en embrigadant la philosophie de son frère sous la bannière du national-socialisme, a raté ce qu'il y avait en elle de plus hostile à tout réductionnisme. Le corps nietzschéen, c'est avant tout de la culture, ce n'est pas du muscle blond.

8/ **Freud**
le langage du corps

> « [L]'hystérie se comporte dans ses paralysies et autres manifestations comme si l'anatomie n'existait pas, ou comme si elle n'en avait nulle connaissance[1]. »

Pour commencer

Aucune invention n'est radicalement nouvelle, car elle s'inscrit nécessairement dans une époque, un terrain intellectuel, qui lui permet d'émerger. Et pourtant, chaque invention garde un mystère : à un moment donné, quelque chose est dit qui n'avait jamais été dit. La vie de Sigmund Freud porte en elle ce mystère : comment cet homme d'origine modeste, né le 6 mai 1856 dans une petite ville autrichienne, Freiberg, a-t-il pu inventer la psychanalyse, mettant ainsi en évidence le pouvoir de l'inconscient, bouleversant le rapport que les hommes entretiennent avec eux-mêmes ? L'étonnement semble en l'occurrence d'autant plus légitime que Freud décrit lui-même sa vie comme banale : « elle s'est déroulée extérieurement dans le calme et sans incidents et quelques dates seulement y sont à retenir[2] ». Et de fait, la vie de Freud peut ressembler à la vie classique d'un médecin du XIXe siècle : « il est né, il a voyagé, il s'est marié, il a pratiqué la médecine, il a fait des conférences, il a publié, il a discuté, il a vieilli, il est mort[3] ». Mais l'essentiel est effectivement ailleurs : dans les conquêtes multiples dont sa vie fut animée, et notamment dans celle qui allait marquer son siècle, celle de l'inconscient, conquête qu'il dut d'abord faire sur sa propre formation, sur ses propres catégories de pensée. Car en inventant la psychanalyse, Freud a mis en évidence un champ du réel hétérogène aux catégories de la médecine à laquelle il avait été formé : un champ où le langage, les symboles, interagissent avec le corps, ce qui fait

---

[1]. « Quelques considérations pour une étude comparative des paralysies motrices organiques et hystériques » (in *Résultats, idées, problèmes* I, Paris, PUF, 1995, p. 55).
[2]. Lettre de Freud à Edward Bernays, 10 août 1929 (*Correspondance 1873-1939*, Paris, Gallimard, 1966, p. 426).
[3]. Peter Gay, *Freud, une vie* (trad. T. Jolas, Paris, Hachette, 1991, p. XXV).

de celui-ci non seulement un corps biologique, mais un corps érotique, fantasmé, homogène au langage dans lequel il peut être dit au cours de la cure analytique. Le corps a-t-il donc perdu chez Freud toute sa teneur biologique ? Il ne semble pas, car jusqu'à la fin de sa vie, il exprima le souci d'établir le substrat organique de la psychanalyse.

Le corps freudien peut ainsi paraître double, écartelé entre le fantasme et la biologie. Et pourtant, il semble fondamentalement unifié par une caractéristique commune : dans un cas comme dans l'autre, le corps est ce que le sujet ne peut pas fuir. La richesse du corps humain, mise en évidence par Freud, consiste alors dans le fait que, entre la contrainte et le destin, il y a le langage, et les voies multiples qu'il offre ! Un corps, donc, n'est pas une fatalité. Ce sont les relations de la psychanalyse naissante aux sciences naturelles qui sont ici en jeu. À méditer, peut-être, par tous ceux qui, dans le débat contemporain, voudraient trop aisément les opposer.

La découverte du corps inconscient

Sa famille ayant connu lors de sa jeunesse quelques améliorations de fortune lui permettant de mener à bien de longues études, Sigmund Freud choisit difficilement – le droit le tentait aussi beaucoup – d'étudier la médecine. Sa formation de base fut donc naturaliste. L'un de ses premiers travaux ne fut-il pas de disséquer des anguilles afin de découvrir chez elles les organes sexuels ? Se tournant – probablement pour des raisons financières – vers la psychiatrie et l'étude de l'anatomie cérébrale, Freud allait faire une découverte déterminante : le corps inconscient.

Les hystériques de Charcot : un défi à la médecine

Ses cours terminés, Freud fit en 1885 un séjour d'étude de six mois à Paris. Ce séjour fut l'occasion d'une rencontre marquante avec Charcot, et d'une découverte fondamentale : la résistance de certains phénomènes physiques à l'explication physiologique. Freud assista en effet aux célèbres consultations d'hystériques menées par le professeur Charcot à la Salpêtrière. Or, que mettait alors en évidence le célèbre neurologue ? Que les troubles que subissaient les hystériques étaient bien réels (il ne s'agissait donc pas, comme on le croyait souvent à l'époque, de simulations) mais qu'ils n'étaient pas dus à des lésions organiques : leur cause était « fonctionnelle »... manière de dire qu'ils perturbaient les catégories physiologiques usuelles de la médecine. Prenons le cas de la paralysie hystérique. On connaissait à l'époque de Freud deux types de paralysies motrices : la paralysie périphéro-spinale et la paralysie cérébrale. Or, la paralysie hystérique a la particularité de défier cette division d'une manière inexplicable par la médecine. Freud en vint donc à cette conclusion :

> « *L'hystérie se comporte dans ses paralysies et autres manifestations comme si l'anatomie n'existait pas, ou comme si elle n'en avait nulle connaissance*[1]. »

Le corps inconscient : une inscription du psychique dans le corporel

Les symptômes corporels de l'hystérique défient la structure même du système nerveux. Car ce qui souffre dans le corps hystérique, ce n'est pas tel ou tel organe comme l'anatomie les délimite, conforme au système nerveux tel que l'observation clinique l'atteste. Ce qui est malade, dans le corps hystérique, ce sont :

> « *les organes dans le sens vulgaire, populaire du nom qu'ils portent : la jambe est la jambe jusqu'à l'insertion de la hanche, le bras est l'extrémité supérieure comme elle se dessine sous les vêtements*[2]. »

---

1. Sigmund Freud, « Quelques considérations pour une étude comparative des paralysies motrices organiques et hystériques » (trad. cit.).
2. *Ibid.*

8 - **Freud** le langage du corps

Les troubles des hystériques n'affectent donc pas leur corps tel que l'anatomie le représente, mais le corps tel qu'il est pensé, imaginé, fantasmé. Le corps affecté dans l'hystérie est un corps imprégné de langage, homogène au langage, c'est un corps qui parle et dont les troubles, histoires de langage, appellent une autre parole, thérapeutique. Émergea donc l'idée que, pour soigner ces patients, il ne fallait pas traiter leurs organes, mais leur psychisme, et les conflits qui, inexprimables dans le langage (du fait de leur caractère choquant, ou insupportable), se manifestaient dans leur corps.

Le cas d'Élisabeth von R.

L'un des premiers cas d'hystérie traité par Freud fut celui d'une jeune fille, Élisabeth von R., dont les jambes étaient douloureuses et qui ne pouvait marcher que courbée en avant. Freud découvrit que ces troubles étaient le symptôme de désirs sexuels refoulés (les uns parce qu'ils l'avaient entraînée à négliger un soir son père malade, les autres parce qu'ils étaient adressés au mari de sa sœur, enceinte et bientôt morte en couches), la « conversion » de ces désirs en douleurs étant due à une association inconsciente entre ses jambes et les circonstances correspondant à des moments particulièrement douloureux du refoulement de ses désirs (la sensation du pied malade de son père sur sa cuisse, la promenade avec le beau-frère, une rêverie sur un banc à son sujet...). « Elle s'était créé des douleurs par une conversion réussie du psychique en somatique[1]. »

Dans l'étude de l'hystérie apparut donc un autre corps : un corps imprégné par le psychisme, exutoire de ses conflits. La cure analytique, en tant qu'elle a affaire au corps, ne traite que de ce corps inconscient. Doit-on en déduire que le corps n'est, selon Freud, que le reflet de notre psychisme ?

---

1. Sigmund Freud et Joseph Breuer, *Études sur l'hystérie* (trad. A. Berman, Paris, PUF, 1996, p. 124).

Ni purement biologique, ni purement psychique, un corps à la limite

On trouve dans de nombreux travaux sur l'œuvre de Freud l'idée que, passée une période de jeunesse, celui-ci n'aurait plus conçu le corps qu'imprégné de psychisme et donc, puisqu'il pense avant tout le psychisme en termes de désirs, constitué de désirs inconscients. À rebours de cette idée, il semble pourtant qu'on trouve tout au long de son œuvre des indices d'un souci de la base biologique de la psychanalyse.

Le souci constant des bases organiques

> « *Étant donné la dépendance intime qui existe entre les choses que nous scindons en corporelles et psychiques, on peut prévoir qu'un jour viendra où des chemins s'ouvriront à la connaissance et, espérons-le, aussi à la pratique, menant de la biologie des organes et de la chimie au domaine de la manifestation des névroses*[1]. »

Dans ce texte de 1925, Freud affirme une relation de « dépendance intime » entre le psychique et le corporel, c'est-à-dire que, sans nier leur différence, il affirme leur profonde connexion, laquelle permettra un jour, espère-t-il, une mise en relation des sciences naturelles et de la psychanalyse. Cependant, le texte de 1925 a ceci d'intéressant que la dépendance du psychologique et du corporel y est affirmée dans le cadre d'une défense des psychanalystes non médecins : *La question de l'analyse profane* a pour but de montrer que la psychanalyse est autonome et irréductible à la médecine et même, parce qu'elle est une pratique ayant pour objet l'inconscient, à toute science visant à maîtriser la réalité. La reconnaissance freudienne du corps biologique ne signifie donc nullement

---

[1]. *La question de l'analyse profane* (trad. J. Altounian, A. et O. Bourguignon et P. Cotet, avec A. Rauzy, Paris, Gallimard, 1985, p. 108).

qu'il faudrait le préférer au corps inconscient dans la cure : la psychanalyse est bien « unilatérale[1] » et « la formation médicale n'apporte rien, mais rien du tout[2] ». Il est tout à fait possible, donc, de traiter du corps inconscient dans son autonomie. Il n'en demeure pas moins que Freud ne semble jamais avoir renoncé à la possibilité, alors encore purement hypothétique, d'une mise en relation de ce corps psychique avec le corps biologique.

Le concept de pulsion, un concept à la limite

Le concept de pulsion manifeste particulièrement l'ambiguïté de la conception freudienne du corps. Freud lui-même le définit comme « un concept limite entre le psychique et le somatique[3] ». Une pulsion, c'est en effet le représentant d'un certain type de contrainte corporelle sur le psychisme, c'est :

> « [...] le représentant psychique des excitations, issues de l'intérieur du corps et parvenant au psychisme, comme une mesure de l'exigence de travail qui est imposée au psychique en conséquence de sa liaison au corporel[4]. »

La pulsion est donc bien quelque chose de psychique – elle existe dans l'ordre du psychisme – mais elle est issue du corporel, et témoigne donc du fait que celui-ci agit sur le psychique, et ne lui est donc pas réductible. Car le corps qui impose ses exigences au psychique, c'est ici l'organisme, dans sa réalité biologique. Ce dont témoigne le concept de pulsion, c'est qu'il y a bien pour Freud une hétérogénéité entre deux ordres de phénomènes, psychiques et corporels, même si ces deux phénomènes sont liés selon des modalités qui lui demeuraient mystérieuses. Que doit-on alors penser de la conception freudienne du corps ? Est-elle fondamentalement duale, caractérisée par une division entre deux entités – le corps inconscient et le corps biologique – dont

---

1. *Ibid.*
2. *Ibid.*
3. « Pulsions et destin des pulsions » (in *Métapsychologie*, trad. J. Laplanche et J.-B. Pontalis, Paris, Gallimard, 1968, p. 17).
4. *Ibid.*

Freud n'aurait jamais élucidé la relation ? Pourtant, en pensant le psychisme (et donc le corps inconscient) en termes pulsionnels (et donc partiellement biologiques), n'est-ce pas précisément cette division qu'il a voulu contester ? Si demeure bien dans la psychanalyse freudienne la pensée d'une contrainte et d'une extériorité au psychisme, et donc un certain dualisme, est-il juste d'identifier cette contrainte à la biologie ?

Le corps : ce que l'on ne peut pas fuir[1] ?
Dans « Esquisse d'une psychologie scientifique », écrit en 1895, Freud entreprend de :

> « *faire entrer la psychologie dans les sciences naturelles, c'est-à-dire [de] représenter les processus psychiques comme des états quantitativement déterminés de particules matérielles distinguables*[2]. »

Y est en effet exposée la manière dont le système psychique s'enracine dans des processus énergétiques mettant en jeu des neurones, et qui relèvent donc de l'explication biologique. Freud n'ayant pas achevé ce texte, on peut penser qu'il ne le satisfaisait pas, mais on y trouve pourtant des thèmes promis chez lui à de fructueux développements. Ainsi, il est frappant que Freud y oppose frontalement deux types d'excitation neuronale : les excitations venant de l'extérieur, et les excitations venant de l'intérieur du corps. Or, conformément au principe d'inertie, un neurone tend à se maintenir à un niveau zéro d'excitation. Cela se traduit, à un niveau pulsionnel global, par le « principe de plaisir » :

> « *L'appareil psychique a une tendance à maintenir aussi bas que possible la quantité d'excitation présente en lui ou du moins à la maintenir constante*[3]. »

---
1. Nos analyses sont ici largement tributaires du texte de Jocelyn Benoist, « Pulsion, cause et raison chez Freud » (in *La pulsion*, dir. J.-C. Goddard, Paris, Vrin, 2006).
2. « Esquisse d'une psychologie scientifique » (in *La naissance de la psychanalyse*, trad. A. Berman, Paris, PUF, 1956, p. 315).
3. « Au-delà du principe de plaisir » (trad. J. Laplanche et J.-B. Pontalis, in *Essais de psychanalyse*, Paris, Payot, 1981, p. 45).

Autrement dit : le plaisir, c'est l'absence ou la baisse d'excitation, le déplaisir, c'est son augmentation. Si l'excitation vient de l'extérieur, une solution possible, immédiate, pour l'abaisser, est de fuir. Mais si l'excitation vient de l'intérieur, que faire ? Comme l'explique Freud dans l'« Esquisse », les modifications internes sont impuissantes à faire baisser la tension « puisque de nouvelles excitations endogènes continuent, malgré tout, à affluer[1] ». La seule solution consiste en une « modification extérieure », qui permette la réduction de la tension. Comme la contrainte qu'il exerce sur le psychisme s'exerce en son fond, dans son intimité même, le corps semble être, par excellence, ce qui ne peut pas être fui. Ne trouve-t-on pas là quelque chose comme une définition générale du corps freudien ? Doit-on dès lors généraliser ce qu'écrivit Freud (et qui lui fut largement reproché depuis) au sujet de la « castration » féminine : « Pour transposer un mot de Napoléon : l'anatomie c'est le destin[2.] » ?

La plasticité du corps érotique

Dans « Esquisse d'une psychologie scientifique » se dessine une caractérisation du corps comme ce qui ne peut être fui. Or, l'exigence associée à cette caractérisation semble considérable, et engager l'ensemble de la théorie freudienne : si la fuite hors de son propre corps n'est pas envisageable, les excitations dont il est la source doivent être abaissées, ou maintenues à un faible niveau, par d'autres procédés, dont la réussite, l'échec, l'élaboration constituent l'ensemble de la vie psychique. Le corps et les exigences pulsionnelles qui lui sont associées seraient donc la cause et le moteur de l'ensemble de la vie psychique. Et donc de la constitution du « corps inconscient » ? C'est la solution de continuité entre corps organique et corps inconscient qu'il faut à présent envisager.

---

1. « Esquisse d'une psychologie scientifique », (trad. cit., p. 336).
2. « La disparition du complexe d'Œdipe » (in *La vie sexuelle*, trad. J. Laplanche, Paris, PUF, 1995, p. 121).

Le moi corporel

Dans « Le moi et le ça », Freud expose, une trentaine d'années après « Esquisse », une conception tripartite du psychisme humain. Celui-ci serait constitué de trois parties partiellement entremêlées : le « ça » – qui constitue le pôle pulsionnel de la personnalité, le réservoir de l'énergie psychique –, le « moi » – qui est une sorte de frontière entre le « ça » et le monde extérieur, et qui tente de concilier leurs exigences potentiellement contraires –, et le « surmoi » – il s'agit d'une sorte de juge du moi, dû à l'intériorisation précoce des interdictions auxquelles sont soumis les individus dès leur prime enfance. Dans une telle conception, le moi apparaît comme un opérateur de conciliation entre les exigences pulsionnelles du ça et les exigences du réel, c'est-à-dire entre le principe de plaisir et le principe de réalité : si le moi essaye au début de satisfaire à toutes les exigences du ça, leur fréquent irréalisme, et surtout leur caractère contradictoire lui imposent rapidement de chercher à maîtriser ou à inhiber le ça. Or, qu'est-ce que le ça pour le moi ? C'est sa partie pulsionnelle, et donc issue du corporel. Mais le moi est aussi issu du ça ! Le moi, dit Freud, c'est « la partie du ça qui a été modifiée sous l'influence directe du monde extérieur[1] » : les pulsions, en tendant à leur satisfaction, auraient fait émerger à leur surface une instance médiatrice entre le monde et elles-mêmes – le moi –, de manière à aménager pour leur satisfaction des voies peut-être moins directes, mais plus assurées. Mais alors :

> « Le moi est avant tout un moi corporel, il n'est pas seulement un être de surface, mais il est lui-même projection d'une surface[2]. »

Et de fait, si le moi est « la partie du ça qui a été modifiée sous l'influence directe du monde extérieur[3] », il est le résultat de la rencontre entre deux types d'excitations : les excitations pulsionnelles émanant de l'intérieur du corps (le ça) et les sensations

---
1. « Le moi et le ça » (trad. J. Laplanche, in *Essais de psychanalyse*, p. 237).
2. *Ibid.*, p. 238.
3. *Ibid.*, p. 237.

venant de l'extérieur (le monde). Si la surface du corps est le lieu de cette rencontre, le moi est la projection de cette surface. Finalement, le sujet humain est défini comme fondamentalement corporel, à la frontière de l'organique des pulsions et des sensations du monde réel. Or, qu'est-ce que le « corps inconscient » – mis en évidence par Freud chez les hystériques, mais présent en chacun – sinon un autre produit de cette rencontre ?

La plasticité du corps sexuel

Lorsque Freud étudia le cas d'Élisabeth von R., il attribua ses symptômes corporels à des désirs érotiques en conflit avec des conceptions morales, et donc refoulés et transformés en sensations physiques douloureuses. Le « corps fantasmé » correspond bien à la définition du corps comme « ce qui ne peut être fui » : Élisabeth ne peut pas plus fuir ses douleurs aux jambes que ses pulsions sexuelles inassouvies. Mais le corps fantasmé manifeste que ce que vit l'homme est modulé dans l'ordre du langage dans lequel il vit. Nulle fatalité ne semble donc impliquée dans le fondement biologique de la psychanalyse ! Le corps humain, puisqu'il appartient à un être possédant l'accès au symbolique, est un corps plastique. La transgression anatomique, loin d'être l'exception réservée aux névrosés, est la règle. La « subversion libidinale » en est la meilleure preuve : il n'y a, en l'homme, nul organe qui ne puisse être investi par les pulsions sexuelles.

> « *L'estimation psychique à laquelle est soumis l'objet sexuel en tant que but désiré de la pulsion sexuelle ne se limite que dans les cas les plus rares à ses parties génitales, mais couvre généralement la totalité du corps*[1]. »

L'investissement érotique par un sujet des lèvres, de la bouche, de l'orifice anal d'un autre ou de substituts fétiches tels que des cheveux ou des chaussures est ainsi totalement intégré dans l'analyse freudienne des pulsions sexuelles, quoique celles-ci ne soient pas alors dirigées vers les buts génitaux : associations de

---

1. *Trois essais sur la théorie sexuelle* (trad. P. Kœppel, Paris, Gallimard, 1987, p. 58).

pensées symboliques et expériences sexuelles enfantines prennent ici toute leur importance.

La séparation du sexuel et du génital : un phénomène universel !

De même que les pulsions sexuelles peuvent avoir pour objet n'importe quelle chose extérieure, n'importe quelle zone de son propre corps peut être érogène, c'est-à-dire être un endroit « dans lequel des stimulations d'un certain type suscitent une sensation de plaisir d'une quantité déterminée[1] ». Freud prend l'exemple du plaisir pris au suçotement par les enfants. La zone buccale n'ayant a priori rien de génital, ce plaisir montre que « n'importe quel endroit de la peau ou des muqueuses peut servir de zone érogène[2] ». La possibilité de la séparation de la sexualité et des zones génitales est donc, non l'exception maladive, mais la règle ! Freud reconnaît à ce titre « dans l'égale prédisposition à toutes les perversions un trait universellement humain et originel[3]. »

Pour finir

Le corps freudien paraît fondamentalement dual : entre le corps inconscient et fantasmé, que Freud a découvert, et le corps organique, sur lequel il a toujours espéré fonder sa psychologie, la division semble réelle, malgré le fait que la psychanalyse, à maints égards, s'en affranchit. Pourtant, une chose semble les lier : avec le corps inconscient ou le corps organique, il s'agit de ce que le sujet ne peut pas fuir, cette contrainte intime au cœur du moi qui laisse penser que, oui, effectivement, il y a dans le réel une contradiction que la dualité des corps manifeste. À cet égard, la remarquable invention freudienne consiste à montrer que, si la

---

1. *Ibid.*, p. 107.
2. *Ibid.*, p. 107-108.
3. *Ibid.*, p. 119.

découverte du corps inconscient ne rend pas le corps organique caduc, les voies des pulsions sont multiples, et que l'organicité, donc, ne fait pas destin. Le corps humain est donc une cause, ce n'est pas une fatalité. Entre l'organe et la jouissance, il y a tout le pouvoir du langage, tout l'espace, donc, du rêve, de la cure, ou de la poésie.

9/ **Merleau-Ponty**

le corps au cœur du monde

« *Où mettre la limite du corps et du monde, puisque le monde est chair[1] ?* »

Pour commencer[2]

Maurice Merleau-Ponty est mort à l'âge de 53 ans, le 3 mai 1961, foudroyé à sa table de travail par une crise cardiaque que rien ne laissait présager ; il laissait en chantier une œuvre immense. La réalité, pour la pensée de laquelle ce philosophe avait passé sa vie à forger des concepts adéquats, se manifesta là avec une rigueur terrible, et par l'objet qu'il considérait comme le cœur nécessaire de la philosophie : le corps. Mais la mort prématurée de Merleau-Ponty, si elle constitue un drame humain, ne doit pas être tenue, comme il serait facile de la considérer, pour une ultime victoire du réel sur la pensée, à laquelle il aurait imposé l'impuissance, révélant, au dernier souffle, quelque vanité de la philosophie. Car le corps qui a trahi Merleau-Ponty, il avait passé sa vie à en penser la réalité, à en restituer la vérité. À introduire dans la philosophie ce que celui-ci imposait d'y introduire. À ne plus penser, donc, malgré le corps, mais à partir de lui. Loin d'être un pied de nez, cette mort constitua donc une triste confirmation de la réalité affrontée par sa philosophie, celle du miracle – éphémère – que constitue notre vie, notre corps. À ce titre, *L'œil et l'esprit*, achevé par Merleau-Ponty à la fin de l'été précédant sa mort dans les collines de Provence, a la bouleversante lucidité qu'y instille la reconnaissance de la fragilité au lieu même du miracle. Au moment où il tâche de dire ce qu'est le corps – qui n'est pas une chose, car il voit et touche, tout en étant une chose, car il est touché et vu –, ce corps qui défie la différence entre objet et sujet,

---

1. *Le visible et l'invisible* (Paris, Gallimard, 1964, p. 182).
2. Ce chapitre doit beaucoup aux travaux de Renaud Barbaras sur Merleau-Ponty, et plus précisément à son article sur « De la phénoménologie du corps à l'ontologie de la chair », publié dans *Le corps* (dir. J.-C. Goddard, Paris, Vrin, 2005). Ce recueil, ainsi que son édition de 1992, contient en outre plusieurs articles passionnants (de Patrick Wotling, Charles Ramond ou encore de Marie-Hélène Gauthier-Muzellec...), dont la lecture nous a accompagné dans notre travail.

9 - **Merleau-Ponty** le corps au cœur du monde

entre nature et conscience, Merleau-Ponty exprime aussi la délicatesse de ce défi vivant à notre entendement :

> « *Un corps humain est là, quand entre voyant et visible, entre touchant et touché, entre un œil et l'autre, entre la main et la main se fait une sorte de recroisement, quand s'allume l'étincelle du sentant sensible, quand prend ce feu qui ne cessera pas de brûler jusqu'à ce que tel accident du corps défasse ce que nul accident n'aurait suffi à faire*[1]*…* »

Pour penser cette conciliation vivante qu'est le corps – entre sujet et objet, entre nature et conscience –, c'est l'être tout entier que Merleau-Ponty a entrepris de repenser. Si le corps est un objet qui est un sujet, c'est que les objets peuvent être des sujets, c'est que le monde est fait d'une seule étoffe, la chair, notre corps n'étant qu'un foyer, un point à partir duquel nous percevons tout le reste. Tâcher de suivre Merleau-Ponty dans son élucidation de ce qu'est le corps, et de ce qu'il nous impose de penser, voilà ce que nous tenterons de faire, ne serait-ce que pour essayer de prendre à notre tour la mesure de ce corps que nous sommes à chaque instant.

Ce qu'est la phénoménologie : le retour aux choses mêmes

La méthode phénoménologique : recevoir le donné pour ce qu'il se donne

Pour penser le corps, comme le reste, Merleau-Ponty s'inscrit dans la tradition phénoménologique et la méthode qu'elle propose, depuis Husserl, pour penser le monde : il faut recevoir le donné pour ce qu'il se donne. C'est-à-dire qu'il faut trouver les mots pour rendre compte des choses telles qu'elles se donnent à nous, dans la perception, dans l'intuition, dans toutes les dimen-

---
1. *L'œil et l'esprit* (Paris, Gallimard, 1964, p. 21).

sions de notre vie, et ce sans imposer à ce donné, autant qu'il est possible, des catégories ou des cadres qui le déformeraient, en trahiraient le sens. L'esprit dont procède cette méthode est ainsi résumé par Husserl :

> « *Tout ce qui s'offre à nous dans "l'intuition" de façon originaire (dans sa réalité corporelle pour ainsi dire) doit être simplement reçu pour ce qu'il se donne, mais sans non plus outrepasser les limites dans lesquelles il se donne alors*[1]. »

Or, l'une des sources de déviation et d'échec de réception du sens des phénomènes avec laquelle les phénoménologues ont le plus maille à partir est la science et, plus généralement, la connaissance. En effet, pour connaître le monde, l'homme s'extrait de son rapport quotidien et irréfléchi au monde, pour, précisément, le réfléchir, et tenter de construire un édifice conceptuel rigoureux, propice à la recherche de constances factuelles. Comme le dit Descartes, dont la pensée est emblématique de la démarche de la science moderne, toute science doit être fondée sur une entreprise préalable de doute systématique et ne retenir que ce que l'entendement pourra concevoir clairement et distinctement.

Le corps comme exigence

L'obscur et le confus, voilà précisément ce que traque la science. Or c'est une grande partie de notre expérience qui se trouve ainsi exclue du champ scientifique. Et notamment le corps tel que nous le vivons « de l'intérieur ». Car, comme le dit Descartes dans la lettre à Élizabeth du 28 juin 1643, il y a, quant au corps, une tension entre la vie – dans laquelle nous expérimentons un corps fait de matière, mais sensible et sentant, et donc uni à une conscience – et l'entendement – pour lequel cette union de matière et de conscience est impensable[2]. Mais dans ce corps, où

---

1. Edmund Husserl, *Idées directrices pour une phénoménologie*, t. I (trad. P. Ricœur, Paris, Gallimard, 1950, p. 78).
2. Sur tout cela, se reporter au chapitre 5, « Descartes, ou comment unir ce que l'on distingue ».

Descartes voyait un fait réel mais inconcevable, Merleau-Ponty découvre comme une exigence : l'exigence de penser le réel tel qu'il est, et de forger pour cela les concepts nécessaires, quitte à revoir toute notre conception de l'être. Comme il l'écrit dans *L'œil et l'esprit* :

> « *Nous sommes le composé d'âme et de corps, il faut donc qu'il y en ait une pensée[1].* »

Si Descartes n'est pas parvenu à concevoir le corps, c'est que ses concepts étaient inadéquats, et il faut donc en changer. Car si la philosophie renonce à dire le réel, que peut-elle dire ? Démarche d'autant plus justifiée, selon Merleau-Ponty, que la science elle-même prétend, et heureusement, parler du réel !

> « *Revenir aux choses mêmes, c'est revenir à ce monde avant la connaissance dont la connaissance parle toujours, et à l'égard duquel toute détermination scientifique est abstraite, significative et dépendante, comme la géographie à l'égard du paysage où nous avons d'abord appris ce que c'est qu'une forêt, une prairie, une rivière[2].* »

Le corps : un phénomène profondément ambigu

Maurice Merleau-Ponty, pour penser le corps, a donc cherché le moyen de ne pas tomber dans la même aporie que René Descartes, et de dépasser le constat d'impuissance rationnelle auquel ce dernier était arrivé. Il commença par démontrer dans ses premiers travaux, que la science ne peut elle-même se suffire des concepts qu'elle considère usuellement comme seuls pertinents ; qu'elle fait appel d'elle-même, autrement dit, à autre chose

---

1. *L'œil et l'esprit*, p. 58.
2. *Phénoménologie de la perception* (Paris, Gallimard, 1945, p. 9).

qu'elle-même. Le corps étant considéré par la science comme un objet physico-chimique, le premier apport du travail de Merleau-Ponty a consisté à montrer, à partir des travaux de la science, que le corps n'est pas qu'un objet matériel, mais qu'il manifeste l'existence en lui d'une intériorité.

Le corps au-delà de la nature

Dans *La structure du comportement*, publié en 1942, Maurice Merleau-Ponty montre en quoi l'étude du comportement des êtres vivants manifeste les limites des distinctions classiques de la science moderne : elle montre que le corps n'est pas un pur objet. En effet, l'organisme n'est pas un ensemble de particules physico-chimiques qui réagit mécaniquement à des stimuli physico-chimiques, un « système physique en présence de stimuli définis eux-mêmes par leurs propriétés physico-chimiques[1] » : n'est stimulus, pour un organisme, que ce qui a de la valeur, ou du sens, pour lui, c'est-à-dire du sens biologique dans la situation précise où celui-ci se trouve.

> « [L]a "qualité sensible", les déterminations spatiales du perçu et même l'absence ou la présence d'une perception ne sont pas des effets de la situation de fait hors de l'organisme, mais représentent la manière dont il vient au-devant des stimulations et dont il se réfère à elles[2]. »

Ce qu'il faut ici comprendre, c'est que l'activité de l'organisme, même animal, n'est pas aveugle, mécanique, mais orientée, et ne peut être comprise que si on la lie à une visée. Ainsi, si l'on reprend les études des cas de « substitution » rapportées par Merleau-Ponty dans *La structure du comportement*, on constate que, si l'on extirpe les phalanges d'un bousier – qui est une sorte de scarabée –, l'animal va reprendre sa marche, mais selon un nouveau mode de locomotion, suppléant ainsi au manque de l'organe sectionné. Or, cette innovation fonctionnelle n'est pas déclen-

---

1. *Ibid.*, p. 33.
2. *Ibid.*, p. 89.

chée automatiquement par l'ablation : si le sol est suffisamment irrégulier pour que le moignon puisse encore servir de point d'appui, l'animal marchera normalement. Et elle n'est pas davantage déclenchée par la simple perte d'appui conséquente à l'ablation car, par exemple chez le chien, la réorganisation fonctionnelle n'a pas lieu si le membre n'est qu'attaché. C'est donc que les réflexes de substitution ne sont pas préétablis, ils ne sont pas le simple produit des structures existantes, mais ils mettent en évidence une capacité d'adaptation innovante du comportement animal, c'est-à-dire « entre le mécanisme aveugle et le comportement intelligent, une activité orientée dont le mécanisme et l'intellectualisme classiques ne rendent pas compte[1] ». Le corps animal n'est donc pas une machine (ni une intelligence en acte, nous le préciserons) : il est un organisme qui agit et réagit en fonction de certaines fins (en l'occurrence, la survie de l'animal), et ne peut donc pas être expliqué en termes purement mécaniques. De ce fait, pour décrire adéquatement le corps, celui de l'animal comme celui de l'homme, on ne peut se dispenser de faire usage de la dimension du sens et de l'intentionnalité.

> « Le corps est le véhicule de l'être au monde, et avoir un corps, c'est pour un vivant se joindre à un milieu défini, se confondre avec certains projets et s'y engager continuellement[2]. »

Mais alors, est-ce à dire que le corps, s'il n'est pas la chose étendue à laquelle on le limite souvent, est une conscience ?

Le corps en deçà de la conscience

Le corps n'est pas un objet muet, aveugle et sourd, car il manifeste dans son activité la présence en lui d'une orientation signifiante. Mais le corps n'est pas pour autant un pur sujet, totalement transparent à lui-même, et dont le sens pourrait être clairement et distinctement déployé. Car le corps, même s'il est humain, reste

---

1. *Structure du comportement* (Paris, PUF, 1977, p. 41).
2. *Phénoménologie de la perception*, p. 111.

un corps parmi les corps, il reste à ce titre extérieur à moi, il reste un objet. Lorsque je souffre, je suis envahi par la souffrance de mon corps, je suis mon corps, mais, au même moment, je sens que je ne suis pas lui, et qu'il m'envahit de sa souffrance. Mon corps, c'est moi, puisque je souffre lorsque mon corps est blessé, mais ce n'est pas moi, puisqu'alors, quand bien même j'adhère à lui, je peux lui demeurer extérieur, le considérer comme un étranger qui vient perturber ma sérénité. Le corps, et le sens prégnant en lui, demeurent opaques.

Entre physiologie et psychologie, le membre fantôme

L'objectivité du corps est avérée scientifiquement dans le cas du membre fantôme, déjà examiné en son temps par Descartes. Certaines personnes, lorsqu'elles ont été amputées d'un membre, continuent de percevoir ce membre, de ressentir de la douleur là où elles pensent le percevoir encore, etc. Or, ce phénomène – pas plus que les mécanismes de substitution – ne peut être expliqué par des mécanismes purement physiologiques car il est arrivé que des patients qui ne souffraient pas ressentent de nouveau subitement leur membre comme s'ils le possédaient encore à la suite d'un choc purement émotionnel. Cependant, ce phénomène ne peut davantage être considéré comme uniquement psychologique ! En effet, « aucune explication psychologique ne peut ignorer que la section des conducteurs sensitifs qui vont vers l'encéphale supprime le membre fantôme[1]. » Autrement dit : une simple manipulation du corps physique peut supprimer l'illusion du membre fantôme. Ce que manifeste le corps en jeu dans cette illusion, c'est une jonction du physiologique et du psychologique.

---

1. *Ibid.*, p. 105.

Ce que révèlent les phénomènes de substitution et les cas de membre fantôme est que le corps est empreint d'intériorité, est dirigé par une intentionnalité, mais n'est pas pour autant transparent à lui-même, à la disposition d'un sujet dominateur. Pas plus pur mécanisme que pure conscience, le corps, et ces faits en particulier, nous obligent à rendre compatibles dans notre pensée ces deux dimensions : le sujet et l'objet, la conscience et la nature. Cela nous contraint, conclut Merleau-Ponty,

« *à former l'idée d'une pensée organique par laquelle le support du "psychique" et du "physiologique" deviendrait concevable*[1]. »

La pensée organique : le concept de corps propre

Pour dire cette pensée organique, Merleau-Ponty a forgé dans la *Phénoménologie de la perception* un nouveau concept de corps : celui de « corps propre ». « Corps » pour dire l'objectivité subsistante du corps, ce qui lui reste d'indépendance par rapport à la pensée, à la volonté, l'écart qui demeure entre le « corps » et un « je » qui serait souverain. « Propre » pour dire, malgré cet écart, cette indépendance, cette objectivité, la proximité du corps avec le « je », sa dépendance à l'égard de nos représentations, sa subjectivité manifeste. Mais ce « corps propre », par sa dualité même, manifeste le dualisme dans lequel reste ancré Merleau-Ponty dans ses premiers travaux : pour décrire le « corps propre », nous sommes contraints, à sa suite, à un difficile va-et-vient entre l'objet et le sujet, la troisième personne et la première personne, et le « corps » semble ainsi pris en tenaille entre deux champs ontologiques distincts et irréconciliables. Or, là où René Descartes assumait cette disjonction et s'en remettait à Dieu pour sa résolution, Merleau-Ponty a entrepris d'aller plus loin, et de trouver les mots pour dire le corps de manière non paradoxale.

---

1. *Ibid.*, p. 106.

Parler du corps sans être dualiste : le travail d'une vie

Selon nombre de ses commentateurs, les premiers ouvrages de Merleau-Ponty ne sont pas à la hauteur de sa volonté de dire le corps de manière non paradoxale : Merleau-Ponty y conserve, à son corps défendant, des concepts dualistes, qui reconduisent l'opposition dont le corps manifeste pourtant – et c'est précisément la thèse qu'il voulait y soutenir – l'inanité. Lui-même reconnaîtra d'ailleurs cet échec relatif dans ses travaux plus tardifs. Car pour penser vraiment le corps, c'est toute une nouvelle conception de l'être qu'il faut inventer ! Voilà à quoi Merleau-Ponty travaillait lorsque la mort l'a interrompu. Si l'œuvre qui devait couronner et synthétiser les années de travail consacrées à ce projet est restée inachevée, orpheline, il nous reste heureusement des fragments entiers de ce travail, des notes, des esquisses, et quelques textes publiés qui laissent préfigurer ce qu'aurait été cette nouvelle pensée de l'être.

Ni conscience ni chose : le corps comme exigence pour une autre pensée de l'être

Penser le corps impose de penser autrement l'être, voilà la conclusion à laquelle Merleau-Ponty était parvenu en achevant la *Phénoménologie de la perception*. Pour pouvoir dire le « corps propre », à la fois sujet et objet, « je » et « il », c'est l'alternative traditionnelle de la nature et de la conscience, de l'objet et du sujet, qu'il faut dépasser.

Penser le corps à partir de lui-même : l'expérience de la main

Dans les *Idées directrices pour une phénoménologie*, Edmund Husserl analyse un exemple que Merleau-Ponty va faire fructifier dans le cadre de sa propre philosophie, celui de la main. Il s'agit de faire une expérience. Lorsque ma main droite touche ma main gauche, elle la sent comme n'importe quel objet : cette main gauche lui apparaît chaude ou froide, moite ou sèche, ferme ou molle etc. Cependant, en un instant, une sorte de miracle peut se produire, et cette main gauche, qui jusque là était sentie, peut devenir sentante ! Alors c'est ma main gauche qui sent ma main droite, qui lui apparaît, à son tour, chaude ou froide, moite ou sèche, ferme ou molle...

> « *Donc je me touche touchant, mon corps accomplit "une sorte de réflexion". En lui, par lui, il n'y a pas seulement rapport à sens unique de celui qui sent à ce qu'il sent : le rapport se renverse, la main touchée devient touchante, et je suis obligé de dire que le toucher ici est répandu dans le corps, que le corps est "chose sentante", "sujet-objet"*[1]. »

Le corps est donc une « chose sentante ». Mais c'est donc que les choses peuvent être sentantes ! C'est donc que le monde est sensible. Mais surtout, ce qui est frappant dans l'expérience de la main touchée-touchante est que la connaissance de la main par elle-même n'est pas distincte de la connaissance du monde par ma main. Je connais ma main au moment où je connais ce que ma main sent. Le sentant se connaît au moment où il connaît le senti, et réciproquement, ma connaissance du senti ne peut être distinguée de ma connaissance du sentant. Merleau-Ponty va en tirer toutes les conséquences.

---

[1]. *Le philosophe et son ombre* (in *Éloge de la philosophie*, Paris, Gallimard, 1965, p. 257).

La chair : le corps comme foyer d'où se déploie le monde

Ce qui est senti peut donc être sentant. Et sentir le monde, c'est toujours aussi sentir le sentant. Mais alors, c'est que ma perception des choses extérieures est toujours arrachée à cette indistinction primordiale du sentant et du senti. Notre monde est donc fondamentalement homogène. Pour le dire, Merleau-Ponty emploie à nouveaux frais le mot de « chair », qui englobe corps et monde dans un continuum de sensible-sentant, dans une même étoffe. La chair, dit Merleau-Ponty :

> « est le sensible au double sens de ce qu'on sent et de ce qui sent[1]. »

Et le monde, et non seulement le corps, est fait de chair, car il y a entre le corps et les choses une profonde communauté – nous ne percevons les unes qu'avec le premier –, une participation du monde entier au corps.

> « [J]e ne puis poser un seul sensible sans le poser comme arraché à ma chair, prélevé sur ma chair, et ma chair elle-même est un des sensibles en lequel se fait une inscription de tous les autres, sensible pivot auquel participent tous les autres, sensible-clé, sensible dimensionnel[2]. »

Tous les sensibles sont donc extraits de ma chair, de mon corps, dans lequel est donc inscrit originellement le monde entier, et à partir duquel il se déploie. Le corps c'est « la Visibilité » comme telle, il y a adhérence entre le voyant et le visible, entre le touchant et le tangible. Mais alors, puisqu'il y a « transgression » et « enjambement » entre mon corps et le monde : « Où mettre la limite du corps et du monde, puisque le monde est chair[3] ? »

---

1. *Le visible et l'invisible* (Paris, Gallimard, 1964, p. 313).
2. *Ibid.*, p. 313.
3. *Ibid.*, p. 182.

La spécificité en creux du corps parmi les choses

S'il y a malgré tout distinction entre mon corps et les autres sensibles, c'est que le corps est l'« ici », le « maintenant », le « tangible-étalon[1] », c'est-à-dire le pôle, le centre autour duquel apparaissent tous les autres sensibles. Il est le « mesurant de tous, *Nullpunkt* de toutes les dimensions du monde[2] » ou, pour le dire en français, le point zéro de l'espace de coordonnées virtuelles dans lequel le monde est situé. Mais attention, cette localisation primordiale n'est pas spatiale ! Elle est précisément, en tant que foyer autour duquel se déploie nécessairement le monde, la condition de toute spatialité. Cette localisation, Merleau-Ponty l'appelle enracinement. Une conséquence de cette thèse est qu'entre le monde et mon corps, il n'y a pas réellement une « frontière, mais une surface de contact[3] ». Car il ne peut pas y avoir rupture entre le corps et le monde, mais, au plus tranché, contact et délimitation. S'il y a une spécificité du corps, malgré la continuité qui le lie au monde, c'est qu'il est « au cœur des choses[4] ».

Pour finir

La démarche de Merleau-Ponty a consisté à prendre la mesure du fait que le corps a une signification ontologique. Pour penser la conciliation en notre corps de la subjectivité et de l'objectivité, de la nature et de la conscience, c'est le fondement de ces dualités qu'il a interrogé, et donc toute la pensée de l'être. Si le corps est un sensible sentant, et si la sensibilité du corps ne peut être disjointe de la phénoménalisation du monde, alors le corps est le monde en tant qu'il se fait sentant. Le mystère de la conjonction dans le corps de la subjectivité et de la matérialité se révèle donc être le mystère du monde en tant qu'il se fait visible, en tant qu'il est, profondément, intrinsèquement, « comble de subjectivité et

---

1. *Ibid.*, p. 181.
2. *Ibid.*, p. 302.
3. *Ibid.*, p. 324.
4. *Ibid.*, p. 178.

comble de matérialité[1] ». Notre corps, au cœur des choses, ne fait que recueillir la visibilité intrinsèque du monde.

---

1. *Ibid.*, p. 302.

10/ **Jean-Luc Nancy**

le corps est l'autre

Le corps

« On ne peut pas parler du corps sans en parler comme d'un autre, un autre indéfiniment autre, indéfiniment dehors[1]. »

Pour commencer

Né en juillet 1940, figure majeure de la philosophie française contemporaine, Jean-Luc Nancy vit et enseigne à Strasbourg depuis plus de trente ans. Il a subi au début des années 1990 une greffe de cœur, qui fut suivie de multiples complications (dont un cancer, suite directe de son traitement), mais n'a pas cessé pour autant d'écrire, de publier, de transmettre sa pensée, et notamment de réfléchir sur le corps, ce corps qui n'a eu de cesse, lui aussi, de lui manifester tout à la fois – à l'occasion de ses innombrables traitements, dans l'expérience de la douleur – sa présence, mais aussi – dans l'expérience de la greffe – son étrangeté. À cette greffe, Jean-Luc Nancy a consacré un livre clair, *L'intrus*, qui témoigne d'une expérience rare et violente, mais aussi, exemplairement, de ce que c'est que de philosopher : non pas bien sûr, comme on le dit parfois, se tenir loin du réel et de ses contingences en inventant des concepts abscons mais, au contraire, toucher au plus près ce réel. Car, comme les médecins l'en avaient prévenu, une greffe de cœur est une irruption en soi de quelque chose d'étranger à soi, et donc de cette question : qui suis-« je », qui est ce « je » que je suis, et qui inclut (ou exclut ?) à présent le cœur d'un autre ? Une greffe, rappelle donc Nancy, c'est un trouble de l'identité. Et c'est là que sa philosophie lui permet de toucher le réel au plus près. Car cette greffe, extra-ordinaire, rejoint cette vérité ordinaire : le « je » est toujours étrange, car le « je » est corps. Ce que la greffe révèle, c'est que je ne peux jamais voir mon « moi » que de l'extérieur : moi, c'est mon corps. Le « moi » est un dedans que l'on ne voit jamais que du dehors, et que nous appelons, pour cela, corps.

---

1. « De l'âme » (in *Corpus*, Paris, Métailié, 2006, p. 128).

10 - **Jean-Luc Nancy** le corps est l'autre

Comme le dit Jean-Luc Nancy lors d'une conférence prononcée en 1990 :

> « *Corps veut dire très exactement l'âme qui se sent corps, [...] le dedans qui se sent dehors*[1]. »

Jean-Luc Nancy pense donc le corps comme une extériorité proche, un être uni mais toujours hors de soi. Ce que l'étrangeté de l'intrus expose donc, en l'exacerbant, c'est l'extériorité du corps à lui-même. Tension et espacement sont ici les concepts clés. Le toucher sera l'acte approprié, le toucher par la caresse, le toucher de la pensée, mais aussi de l'écriture, qui ne doit pas emplir le monde de significations, mais adresser un geste au corps, et lui « [laisser] les lieux[2]. »

Le monde des corps, le monde du dehors

L'intérêt de la conception du corps de Jean-Luc Nancy consiste tout d'abord dans la position critique qu'il prend à l'égard des pensées traditionnelles du corps. Sa singularité est qu'il refuse tout autant le dualisme qui oppose corps et âme que le monisme qui les unifie[3]. Sa recherche consiste à trouver, entre ces deux pôles, une position qui ne confond pas l'âme et le corps, mais ne cantonne pas pour autant celui-ci aux basses sphères auxquelles une telle séparation le condamne souvent.

Le corps est un autre

Jean-Luc Nancy se confronte donc à l'inévitable discussion sur la relation de l'âme et du corps. Il s'oppose tout d'abord à toutes les

---

1. *Ibid.*, pp. 121-122. Notons que le recueil qui contient ce texte, *Corpus*, contient donc, outre le texte de *Corpus* proprement dit, « De l'âme », qui est la reprise, modifiée, du texte d'une conférence, ainsi que deux autres textes : « Extension de l'âme » et « 58 indices sur le corps ».
2. *Corpus*, p. 47.
3. Pour les définitions de ces deux termes, se reporter à la note 2 p.86.

pensées qui, croyant rendre au corps sa dignité, l'unissent à l'âme : Nancy pense alors à Merleau-Ponty, mais aussi à une certaine lecture de la psychanalyse, pour laquelle il n'y a de corps que signifiant, homogène à la pensée. Car si l'on pense que le corps est uni à l'âme de telle sorte qu'il soit toujours signifiant et expressif, alors, au lieu de penser le corps en tant que tel, « nous remettons l'âme à la place du corps[1] » ! Unir ainsi le corps et l'âme, c'est concevoir au fond celui-ci sur le modèle de celle-là, en conférant au corps l'identité à soi et l'homogénéité qui caractérisent l'âme, au mépris de l'extériorité qui le caractérise au contraire. En effet, le corps, pour Nancy, c'est d'abord et avant tout « *un autre*[2] ». Car je ne peux jamais m'identifier purement et simplement à mon corps ! Il m'apparaît toujours comme autre, différent, étranger, en dehors. Et si j'identifie corps et âme, je nie cette différence. Alors qu'il n'y a pas là d'intériorité parfaite, d'intimité sans faille. Comme le résume Nancy :

> « *On ne peut pas parler du corps sans en parler comme d'un autre, un autre indéfiniment autre, indéfiniment dehors*[3]. »

L'âme et le corps : l'unité d'un être hors de soi

Si le corps est toujours un autre, faut-il opposer, selon un schéma dualiste, le sujet, que l'on appelle traditionnellement l'âme, et le corps, qui serait, pour ce sujet, un objet ? Pas tout à fait, mais en partie. Le geste de Nancy, à cet égard, est complexe : il espace le sujet et le corps – il faut, dit-il, « restituer quelque chose du dualisme[4] » –, mais pas pour les séparer et les opposer. L'âme en effet ne serait pas autre chose que le corps : l'âme, c'est le corps en tant qu'il est, comme on l'a dit, irréductiblement extérieur à lui-même toujours autre, en décalage, jamais identique à lui-même. L'âme, c'est le nom de cette irréductible extériorité. Le corps est

---

1. « De l'âme », p. 125.
2. *Corpus*, p. 29.
3. « De l'âme », p. 128.
4. *Ibid.*, p. 125.

« l'être hors de soi », et c'est précisément de cela dont il s'agit avec l'âme :

> « L'âme [...] ne représente pas autre chose que le corps, mais bien plutôt le corps hors de soi, ou cet autre que le corps est pour lui-même et en lui-même, par structure[1]. »

S'il y a donc, pour Nancy, quelque chose du dualisme qu'il faut restituer, c'est cette extériorité du corps, qui a le nom d'âme. S'il faut le dépasser, c'est que cette extériorité est interne, qu'elle n'implique pas la séparation de deux substances, mais l'articulation d'un être qui n'est jamais totalement concentré en lui-même mais en tension, c'est-à-dire étendu, ou espacé.

Nouveauté de l'interprétation : Jean-Luc Nancy et la tradition

L'idée selon laquelle ce que l'on appelle « âme », c'est la différence à soi du corps, sa tension interne, est, selon Nancy, « à fleur de texte dans toute la tradition[2] ». Analysant par exemple une lettre où Descartes explique à Élizabeth comment l'on peut connaître – et ne pas éviter de connaître – l'union de l'âme et du corps[3], il soutient que l'âme y est au fond définie comme un être étendu. Car nous concevons l'union de l'âme et du corps, parce que nous la sentons. Mais alors, en tant qu'elle sent, l'âme touche à l'étendue, elle est un corps qui sent. Relisant une grande partie de la tradition (et plus précisément Aristote, Spinoza et donc même Descartes), c'est sa propre conception du corps que Nancy y trouve préfigurée.

Une ontologie de l' « entre »

Jean-Luc Nancy pense donc le corps comme un être uni mais hors de soi, ce qui engage une nouvelle conception de l'être, du

---

1. *Ibid.*, p. 113.
2. *Ibid.*, p. 127.
3. Citée dans notre chapitre 5.

sujet, et du monde. En effet, si le corps est toujours dehors, alors le sujet n'existe que comme écart, et comme départ de lui-même. L'existence, ou l'être, est donc toujours une *ex-tension* de soi hors de soi, ou une *ex-position* au-dehors. L'être, alors, c'est l'exposition au dehors. On voit comme le préfixe « ex » – qui indique en latin le mouvement de sortie « hors de », d'une ville, d'un bateau, ou de soi… – est ici important. Parlant de Descartes, mais donc de lui, Nancy nous dit :

> « Il s'agit […] d'une ontologie de l'"entre", de l'écartement ou de l'ex-position par quoi seulement quelque chose comme un sujet peut advenir[1]. »

L'idée centrale est que, puisqu'il n'y a pas de sujet sans exposition du sujet, le sujet n'est pas une substance, c'est-à-dire « ce qui est sous quelque chose et qui […] n'appartient plus à autre chose que soi[2] ». Une telle substance serait un point ultra-concentré, alors qu'un sujet suppose, selon Nancy, une certaine dé-concentration, une réflexivité que seule l'extension permet. Il n'y a de sujet, donc, qu'exposé aux autres sujets. Les sujets, et les êtres, ce sont donc les corps en tant qu'ils sont étendus, exposés, toujours hors d'eux-mêmes, et cependant unis.

Toucher aux corps

Nancy nous propose une nouvelle ontologie de l'« entre » : c'est l'être, au final, qui est écartelé. Mais alors, si l'être n'est plus un support solide, comment un monde peut-il être conçu ? Si l'espacement est la règle, comment les êtres peuvent-ils se rejoindre ? Si la coïncidence des corps à eux-mêmes est impossible, comment peut-on en dire quoi que ce soit ? On ne touche pas impunément à la métaphysique traditionnelle…

---

1. *Ibid.*, p. 142.
2. *Ibid.*, p. 109.

10 - **Jean-Luc Nancy** le corps est l'autre

Partes extra partes : exposition et extension des corps

« *Le corps est l'être exposé de l'être[1].* »

Âme et corps n'étant plus considérés par Jean-Luc Nancy que comme deux noms de la même réalité, d'un même être, le monde ne peut plus être fait que de cet être exposé. Notre monde, en tant que c'est le monde des corps, est donc le monde de l'être exposé. C'est, autrement dit, le monde de l'espacement, l'espacement, comme dit Nancy, du « partes extra partes », c'est-à-dire des parties en tant qu'elles sont extérieures les unes aux autres. Attention cependant : l'espacement ne doit pas être confondu avec l'étalement. Car le monde des corps est un monde dense, où les corps résistent et pèsent les uns sur les autres, alors que l'étalement suppose une déperdition de densité et une homogénéisation, un mélange des parties. L'espacement des corps n'aboutit pas à leur généralisation, c'est un « monde de l'appropriation du propre : monde de la non-généralité[2] ». Dans l'espacement et l'étendue, chaque corps est singulier. C'est une autre pensée de la mondialisation qui est ici proposée : non pas généralisation, homogénéisation, concentration, mais singularité des corps qui se pressent. Une telle mondialisation n'exclut pas les foules – celles-ci, au contraire, la constituent –, mais l'uniformité.

Apologie du toucher

Étendus, les corps sont par nature espacés. Mais cet espace, alors, comment le traverser ? Sommes-nous condamnés à la solitude et au silence ? Solitude et silence, il s'agit surtout de les repenser. Car il existe une manière de sortir de la solitude, c'est le toucher. Jacques Derrida a écrit un très beau livre, intitulé *Le toucher, Jean-Luc Nancy*[3], où il dit que le toucher est la pierre de touche autour de laquelle tourne la philosophie de Jean-Luc Nancy. Car le toucher, c'est ce qui permet de sortir de l'isolement sans fusionner avec l'autre, de ne plus être seul, sans pour autant être un seul. Le corps,

---

1. *Corpus*, p. 32.
2. *Ibid.*, p. 38.
3. Jacques Derrida, *Le toucher, Jean-Luc Nancy* (Paris, Galilée, 2000).

c'est l'ouvert : pénétrer l'ouverture d'un corps, c'est le tuer. C'est pourquoi d'ailleurs, précise Nancy, « il y a tout un pauvre lexique sexuel qui n'est qu'un lexique de meurtre et de mort[1] ». L'immense mérite de la touche, par opposition à la pénétration, c'est que c'est un contact qui laisse intact ce qu'elle met en contact :

« *La touche fait contact entre deux intacts[2].* »

La touche, en ce sens, est appropriée parce qu'elle est, en un sens absolu, impossible. Reprenant l'expérience de la main touchante-touchée[3], Nancy nous fait remarquer une chose : on ne peut jamais se toucher touchant. Une main qui touche, on peut bien sûr la toucher avec l'autre main, mais on ne peut jamais toucher le fait qu'elle touche, on ne peut la toucher en tant qu'elle touche :

« *Le "se toucher" soi-même n'est pas comme tel quelque chose qui se touche[4].* »

Autrement dit, si Nancy privilégie la touche sur la pénétration, c'est qu'on ne touche jamais à l'ouverture comme telle, et donc qu'on la laisse intacte. Quand un corps touche un autre corps, ce à quoi il touche, c'est à l'intouchable. Être qui n'a accès aux autres, et à lui-même, qu'en ne touchant jamais qu'à l'intouchable qu'ils sont, le corps est avant tout l'expérience d'une infinie ouverture à l'autre.

Écrire au corps : le choix du corpus

Comment écrire sur ce que l'on ne peut pas toucher ? Comment écrire sur l'ouverture même ? Précisément, nous dit Nancy, on ne le peut pas. Car lorsque l'incorporel qu'est le discours touche au corps, il est nécessairement interrompu. Mais cela ne signifie pas qu'on soit condamné au silence : celui qui écrit ne doit pas,

---

1. *Corpus*, p. 27.
2. « Extension de l'âme », p. 138.
3. Nous évoquons cette expérience dans le chapitre consacré à Merleau-Ponty.
4. « De l'âme », p. 127.

ne peut pas « saisir » le sens du corps, s'en emparer, mais, écrivant depuis son corps, écrire à d'autres corps, et donc toucher, effleurer, faire preuve de tact, enfin, pour toucher à l'ouverture, et ne pas l'étouffer. Il ne peut donc s'agir ni d'un discours, ni d'un récit, mais de fragments, d'un catalogue aléatoire, d'une juxtaposition. *Corpus* porte, jusqu'à son titre, la marque de cette volonté : parcours accidenté, « discours inquiet[1] », juxtaposition de paragraphe jalonnés de séries de termes, qui tentent de dire, « l'un après l'autre tous les pays du corps[2] ». Voyez, par exemple, comme une mise en abîme, ce « [c]orpus du tact : effleurer, frôler, presser, enfoncer, serrer, lisser, gratter, frotter, caresser, palper, tâter, pétrir, masser, enlacer, étreindre, frapper, pincer, mordre, sucer, mouiller, tenir, lâcher, lécher, branler, regarder, écouter, flairer, goûter, éviter, baiser, bercer, balancer, porter, peser[3]… »

Le corps contre la chair

Jean-Luc Nancy a été initié dans sa jeunesse aux plaisirs de l'analyse et de l'interprétation par l'étude des textes bibliques. Sa réflexion philosophique possède donc comme arrière-fond et support, la culture chrétienne, qu'il s'est employé, au lieu d'en nier l'importance, à réfléchir et déconstruire, afin de la déplacer et d'atteindre son « au-delà ». Car c'est le christianisme qui définit et limite, selon lui, les structures de notre pensée. Penser le corps nécessite donc un travail critique qui, loin de le rabattre sur la chair[4], l'en distingue soigneusement.

---

1. *Corpus*, p. 49.
2. *Ibid.*, p. 50.
3. *Ibid.*, p. 82.
4. L'une des cibles de cette critique de Jean-Luc Nancy est bien sûr Merleau-Ponty (cf. chapitre 9).

Ambivalence de l'incarnation

Dans *Corpus*, Jean-Luc Nancy oppose deux « versions » du corps, dont l'une et l'autre sont d'inspiration chrétienne. D'une part, il s'oppose clairement à une certaine conception de l'incarnation, c'est-à-dire de l'idée selon laquelle le Christ, ou le Verbe, s'est fait chair. Car qu'est-ce qu'implique une telle idée ? Soit elle suppose que la chair « fait la gloire et la véritable venue[1] » du Verbe : le corps, alors, est glorieux. Soit elle dit que le Verbe « fait la véritable présence et le sens[2] » de la chair. Mais alors, la chair est réduite au rôle de simple signe du Verbe, qui s'est incarné en lui, et donc de réceptacle, de caverne. On retrouve là les accents platoniciens les plus hostiles au corps.

> « *L'incarnation fait pénétrer le principe dans cela qui l'obscurcit et qui l'offusque. Le corps est tout d'abord conçu dans l'angoisse de cet étouffement[3].* »

Selon une certaine pensée de l'incarnation, le corps est donc essentiellement signe vers l'esprit qu'il contient, et qu'il n'est pourtant pas.

Noli me tangere, ou l'interdiction évangélique du toucher

L'ambiguïté de l'incarnation est aussi l'ambiguïté du christianisme. D'une part, le christianisme est indéniablement, selon Nancy, une religion du sensible et du toucher :

> « *En un certain sens, rien ni personne n'est intouchable dans le christianisme, dès lors que le corps même de Dieu y est donné à manger et à boire[4].* »

Mais en même temps, le christianisme est aussi une religion de l'interdiction du toucher, de l'intouchabilité infinie. Nancy expose

---

1. *Corpus*, p. 82.
2. *Ibid.*
3. *Ibid.*, p. 59.
4. *Noli me tangere. Essai sur la levée du corps* (Paris, Bayard, 2003, p. 27).

cette ambivalence dans *Noli me tangere*, où il analyse cet épisode des Évangiles où le Christ ressuscité, sortant de son tombeau, dit à Marie-Madeleine : « Noli me tangere », c'est-à-dire : « Ne me touche pas ». Dans cet avertissement, peut-être y a-t-il cette idée que le Christ ne doit pas être touché parce qu'il ne peut pas l'être – apparaît alors une affinité entre un sens possible de l'épisode évangélique et la pensée de Nancy. Mais Nancy lui donne aussi une seconde interprétation : la présence réelle du Christ, à cet instant, est faite de son départ, de son ascension imminente vers le Ciel. Le sens de cette présence c'est la partance. Toucher le Christ à cet instant, ce serait donc ignorer le vrai sens de sa présence et de son incarnation.

> « La "résurrection" est la surrection, le surgissement de l'indisponible, de l'autre et du disparaissant dans le corps même et comme le corps[1]. »

Le corps glorieux du Christ, dans un tel épisode, se refuse donc au corps sensible en se disant ailleurs : dans un tel épisode, le corps glorieux ne se veut pas réalisé dans le corps sensible, mais transfiguration de ce corps sensible, corps sensible dont la vérité, alors, serait cet autre qu'il a en lui et qu'il n'est qu'en n'étant plus lui-même. L'intouchabilité, dans ce cas, est absolue.

Contre le corps signifiant, la création

> « Ou bien le corps glorieux est la transfiguration du corps étendu, ou bien il en est l'étendue même[2]. »

Nancy voit dans le christianisme une ambivalence très forte : soit c'est un hymne au corps étendu et au toucher, soit un appel à sa transfiguration par l'esprit. Ou bien une création des corps, où « les corps sont l'exposition de Dieu[3] », c'est-à-dire que les corps étendus, c'est Dieu même qui s'expose. Ou bien un renvoi du corps

---

1. *Ibid.*, p. 29.
2. *Corpus*, p. 56.
3. *Ibid.*, p. 55.

à un dedans, ou un au-delà spirituel dont il serait le signe, c'est-à-dire la pensée d'un corps sur-signifiant. Car le problème d'un tel *corps-signe* est qu'il fait signe vers la disparition du corps. Le corps est toujours autre, toujours extérieur : au moment où il devient identique à l'esprit, au sens, il n'est plus corps. Point de concentration extrême, il devient un « trou noir ». Contre cette pensée du corps sur-signifiant, Nancy se fait le relais d'une exigence de *création* des corps, où le sens ne serait plus ce à quoi ils font signe, mais uniquement, à leur niveau, celui de leurs relations. Il s'agit de reprendre l'autre version de la conception chrétienne du corps – celle selon laquelle les corps sont Dieu en tant qu'il est étendu – en prenant acte du fait que notre monde n'est plus un *cosmos*, c'est-à-dire un monde organisé où les places sont bien distribuées. Notre monde n'est plus surplombé ou soutenu par rien qui lui donnerait son ordre ; le sens et l'ordre sont donc à même les corps. Aujourd'hui, la création des corps signifie strictement leur espacement et leur toucher les uns aux autres : les corps se créent, non à partir d'une matière, mais en se modifiant et en s'exposant *partes extra partes*, en un mouvement que Nancy appelle « écotechnique », tant aujourd'hui la technique lui semble indissociable de la nature dans la constitution du monde. Idée sans doute renforcée par sa singulière – mais d'autant plus révélatrice – histoire médicale. Ainsi dit-il dans *L'intrus* :

> « *L'homme recommence à passer infiniment l'homme […]. Il devient ce qu'il est : le plus terrifiant et troublant technicien, comme Sophocle l'a désigné depuis plusieurs siècles, celui qui dénature et refait la nature, qui recrée la création, qui la ressort de rien et qui, peut-être, la reconduit à rien*[1]. »

---

1. *L'intrus* (Paris, Galilée, 2000, p. 44).

Pour finir

À la lumière de la philosophie de Jean-Luc Nancy, l'expérience de la greffe apparaît moins comme l'expérience extra-ordinaire d'une intrusion anormale dans un corps unifié, mais comme l'exacerbation de ce que c'est qu'un corps : non seulement un corps est toujours un autre, toujours différent de lui-même, mais un corps, c'est quelque chose qui se crée dans la relation et l'exposition aux autres corps, sur un mode naturel mais aussi technique. Si l'on ne peut donc pas écrire les corps, mais seulement leur écrire, c'est qu'il s'agit d'écrire une ouverture, un espacement, *ex-crire* donc, comme le dit Nancy, l'entre-lieu-des-corps. Apprendre à caresser, ne plus asséner, non, mais penser, enfin, avec tact.

Bibliographie commentée

Les auteurs étudiés dans l'ouvrage
Platon
Le thème du corps ne fait l'objet d'aucun dialogue spécifique, mais se trouve essentiellement abordé, de manière significative, dans un dialogue dont l'objet central est la mort, le *Phédon* (trad. M. Dixsaut, Paris, Flammarion, 1991), mais aussi, dans une perspective plus positive, dans le *Timée* (trad. L. Brisson, Paris, Flammarion, 2001), superbe mythe destiné à rendre compte de la nature et de la constitution de notre monde duel, entre âme et corps. Des éléments intéressants se trouvent aussi dans le *Gorgias* (trad. M. Canto-Sperber, Paris, Flammarion, 1987) et le *Phèdre* (trad. L. Brisson, Paris, Flammarion, 2004).

Aristote
Ne vous fiez pas trop rapidement à son titre : l'ouvrage essentiel d'Aristote sur le corps s'intitule *De l'âme* (trad. J. Tricot, Paris, Vrin, 1992). Car l'âme, pour Aristote, n'est que la forme du corps ! Pour comprendre leur jeu compliqué, la lecture de certains passages de la *Métaphysique* (trad. J. Tricot, Paris, Vrin, 1991) peut être très éclairante, mais aussi, plus sporadiquement, de la *Physique*, (trad. H. Carteron, Paris, Belles Lettres, 1990) et des *Parties des Animaux* (trad. P. Louis, Paris, Belles Lettres, 1990).

Lucrèce
Pour prendre connaissance de la philosophie de Lucrèce, c'est *De la nature* (trad. J. Kany-Turpin, Paris, Aubier, 1993) qu'il faut lire. Un sublime poème, d'une rare pénétration philosophique, dont la lecture devrait remplir de joie et de questions l'esprit (le corps !) de ses lecteurs. Le corps est surtout évoqué dans les livres III et IV.

Saint Augustin
Les sources autobiographiques de la pensée, et de la défiance, augustinienne à l'égard du corps se trouvent dans *Les confessions* (trad. J. Trabucco, Paris, Flammarion, coll. « GF, » 1964), et plus

spécifiquement dans les parties consacrées à sa jeunesse. Les réflexions théologiques d'Augustin à ce sujet se trouvent dispersées dans ses innombrables écrits. Dans *La Cité de Dieu* (in *Œuvres*, II, trad. J.-Y. Boriaud, J.-L. Dumas, L. Jerphagnon et C. Salles, Paris, Gallimard, 2000), au premier chef, mais aussi dans *La trinité* (trad. P. Agaësse, S. J., in *Œuvres*, t. 16, Paris, Études augustiniennes, 1991), *De la foi et du symbole* mais aussi *Enchiridion* (tous deux in *Œuvres*, t. 9, trad. J. Rivière, Paris, Études augustiniennes, 1988). Les questions relatives à la sexualité, et donc au mariage, sont traitées dans *Mariage et concupiscence* (in *Œuvres*, t. 23, trad. F.-J. Thonnard, E. Bleuzen et A.C. De Veer, Paris, Desclée de Brouwer, 1974) et dans *Le bien du mariage* (in *Œuvres*, t. 2, trad. G. Combès, Paris, Desclée de Brouwer, 1937). Dans tous les cas, les ouvrages sont découpés en chapitres bien identifiés qui permettent de retrouver aisément les passages les plus pertinents.

Descartes
Le corps a été l'objet de réflexions renouvellées de Descartes tout au long de sa vie, et se trouve donc diversement traité dans toute son œuvre. Au-delà du fait que ce sont des œuvres majeures, et sans doute inépuisables, de la philosophie, peuvent être particulièrement lus le *Discours de la méthode* – surtout sa cinquième partie – (in *Œuvres philosophiques*, t. I, Paris, Bordas, 1988), le *Traité de l'homme* (dans le même recueil) mais aussi, et avant tout, les *Méditations métaphysiques* (in *Œuvres philosophiques*, t. II, Paris, Bordas, 1992) – et plus spécialement les méditations deuxième et sixième –, ainsi que la première partie des *Passions de l'âme* (in *Œuvres philosophiques*, t. III, Paris, Bordas, 1989). La correspondance avec l'attentive princesse Élizabeth, enfin, contient des réflexions passionnantes (in *Œuvres philosophiques*, t. III, lire en particulier les lettres à Élizabeth du 25 mai et du 28 juin 1643).

Spinoza
L'ensemble de la philosophie spinoziste du corps se trouve dans son œuvre reine : l'*Éthique* (édition bilingue et traduction de B. Pautrat, Paris, Seuil, 1999). La partie II, et plus précisément

l'abrégé de physique, après la proposition XIII, pose les bases de sa conception du corps. Pour guider sa lecture, passionnante mais souvent ardue, on peut s'aider des pages que Chantal Jaquet consacre à Spinoza dans son livre sur la philosophie du corps (*Le corps*, Paris, PUF, 2001) mais aussi du *Dictionnaire Spinoza* de Charles Ramond (Paris, Ellipses, 2007).

Nietzsche

Le cœur de la philosophie nietzschéenne du corps, elle-même dispersée dans toute son œuvre, se trouve exprimé, par la voix de Zarathoustra, dans « Des contempteurs du corps », au début de *Ainsi parlait Zarathoustra* (in *Œuvres philosophiques complètes*, vol. VI, trad. M. de Gandillac, Paris, Gallimard, 1971). La préface de la seconde édition du *Gai savoir* (in *Œuvres philosophiques complètes*, vol. V, trad. P. Klossowski, Paris, Gallimard, 1982) donne en outre de précieuses indications sur la place philophiquement centrale que Nietzsche accordait au corps.

Freud

La pensée freudienne du corps se lit en filigrane dans l'ensemble de son œuvre, et suit son évolution. Pour découvrir sa source, il faut commencer par lire son « Esquisse d'une psychologie scientifique » (in *La naissance de la psychanalyse*, trad. A. Berman, Paris, PUF, 1956) ainsi que ses *Études sur l'hystérie*, coécrites avec Joseph Breuer (trad. A. Berman, Paris, PUF, 1996), où se dessinent les hypothèses qui le mèneront à la constitution de la psychanalyse. Pour saisir sa spécificité, trois articles sont fondamentaux : « Pulsions et destin des pulsions » (in *Métapsychologie*, trad. J. Laplanche et J.-B. Pontalis, Paris, Gallimard, 1968), « Le moi et le ça » et « Au-delà du principe de plaisir » (tous deux publiés in *Essais de psychanalyse*, trad. J. Laplanche et J.-B. Pontalis, Paris, Payot, 1981), ainsi que l'ouvrage *Trois essais sur la théorie sexuelle* (trad. P. Kœppel, Paris, Gallimard, 1987).

Merleau-Ponty
Le corps est au cœur de la philosophie de Merleau-Ponty, et constitue donc l'un des thèmes centraux de ses trois principaux ouvrages : la *Structure du comportement* (Paris, PUF, 1977), la *Phénoménologie de la perception* (Paris, Gallimard, 1945) – l'introduction et la première partie sont particulièrement pertinentes – ainsi que *Le visible et l'invisible* (Paris, Gallimard, 1964). Dans ce dernier ouvrage, posthume et inachevé, ce sont les réflexions sur la chair qu'il faut rechercher.

Jean-Luc Nancy
L'œuvre de Jean-Luc Nancy, dense et parfois hermétique, se laisse davantage approcher par les conférences qu'il a données. Ainsi, si l'on trouve l'essentiel de sa conception du corps dans le recueil *Corpus* (Paris, Métailié, 2006), on recommande de commencer la lecture de celui-ci par « De l'âme », puis par « Extension de l'âme », lesquels permettent de mieux pénétrer ensuite les richesses du texte éponyme de l'ouvrage. La belle réflexion autobiographique que constitue *L'intrus* (Paris, Galilée, 2000) permet de donner une épaisseur vitale à cette pensée. *Noli me tangere. Essai sur la levée du corps* (Paris, Bayard, 2003), enfin, fait le lien avec le christianisme, et son inévitable prégnance, dans notre culture, sur toute pensée du corps.

Quelques autres philosophes du corps

Leibniz
Monadologie, in *Principes de la Nature et de la Grâce, Monadologie et autres textes*, Paris, Flammarion, 1996.

De La Mettrie
L'homme-machine, Paris, Denoël, 1981.

Diderot
Le rêve de d'Alembert, Paris, Flammarion, 2002.

Bibliographie commentée

Maine de Biran
Essais sur les fondements de la psychologie et sur ses rapports avec l'étude de la nature, in *Œuvres*, tome 7, Paris, Vrin, 2001.

Husserl
Méditations cartésiennes (trad. G. Peiffer et E. Levinas), Paris, Vrin, 2001.

Bergson
- *Matière et mémoire : essai sur la relation du corps à l'esprit*, Paris, PUF, 1990.
- « L'âme et le corps », in *L'énergie spirituelle*, Paris, PUF, 1993.

Auteurs contemporains
Didier Anzieu, *Le Moi-peau*, Paris, Dunod, 1995.
Jean-Pierre Changeux, *L'homme neuronal*, Paris, Hachette, 1984.
François Dagognet, *Le corps multiple et un*, Paris, Les empêcheurs de penser en rond, 1992.
Michel Foucault, *Histoire de la sexualité*, vol. 1-3, Paris, Gallimard, respectivement 1976, 1984 et 1984. Tout aussi passionnant : *Surveiller et punir*, Paris, Gallimard, 1975.
Michel Henry, *Philosophie et phénoménologie du corps*, Paris, PUF, 1965. Plus personnel : *Incarnation. Une philosophie de la chair*, Paris, Seuil, 2000.
Chantal Jaquet, *Le corps*, Paris, PUF, 2001.
Michela Marzano, *Penser le corps*, Paris, PUF, 2002. Nous recommandons également le très bon *Dictionnaire du corps*, Paris, PUF, 2007, qu'elle a dirigé.
Paul Schilder, *L'image du corps* (trad. F. Gantheret et P. Truffert), Paris, Gallimard, 1980.
Francisco Varela, Evan Thompson et Eleanor Rosch, *L'inscription corporelle de l'esprit. Sciences cognitives et expérience humaine* (trad. V. Havelange), Paris, Seuil, 1993.

www.ingramcontent.com/pod-product-compliance
Lightning Source LLC
Chambersburg PA
CBHW071955100426
42738CB00043B/3048